中学校の 学習評価 ハンドブック

用語の基礎理解から
ルーブリック評価まで

田中博之 編著

学事出版

はじめに

～教師と生徒が協働する学習評価の在り方～

　中学校では、2021年度より新学習指導要領が全面実施となり、各教科・領域において、三つの柱に基づく「資質・能力」を育てる授業が始まりました。

　その三つの柱とは、学校教育法が定める学力の3要素に対応した、「知識及び技能」「思考力・判断力・表現力」、そして「学びに向かう力・人間性」です。これらの三つの柱としてまとめられた多くの多様な資質・能力を生徒たちにしっかりと育むことが求められるようになりました。

　そのため、授業の在り方にも新しい視点が加えられ、「主体的・対話的で深い学び」という生徒主体の学び方を取り入れた授業改善を行うようになったのは周知のとおりです。

　今回のわが国の学校教育の在り方を定める学習指導要領の改訂は、戦後最大の改訂と言ってもよいほどの大きな変化を示しています。

　授業の在り方が大きく変われば、それに準じる学習評価の在り方も大きく変わらざるを得ません。そのため、新しい学習指導要領においては、これからの新しい学習評価の在り方を、総則の第3教育課程の実施と学習評価において、「生徒が学習の見通しを立てたり学習したことを振り返ったりする活動を、計画的に取り入れるように工夫すること。」、また、「単元や題材など内容や時間のまとまりを見通しながら評価の場面や方法を工夫して、学習の過程や成果を評価し、指導の改善や学習意欲の向上を図り、資質・能力の育成に生かすようにすること。」（中学校学習指導要領、p.8）というように定めています。

　本書は、こうした学習指導要領の趣旨に基づき、筆者と学校との共同研究による具体的な学習評価の事例を紹介しながら、用語の基礎的な理解からルーブリック評価という発展的な内容の理解までを網羅したハンドブックになっています。

さて、本書の冒頭の書き出しを、「教師と生徒が協働する学習評価の在り方」としたのは、これからの学習評価の望ましい在り方は、教師と生徒が身に付ける資質・能力を共通理解して評価規準の形式で共有しつつ、多様で継続的・計画的な学習評価を通して、教師は授業改善をそして生徒は学習改善を行うようにすることであると提案したいからなのです。

　学習評価と言えば、これまでは教師が成績付けのために行うというイメージが強いものでしたが、これからは生徒による自己評価や生徒同士の相互評価を通した主体的・協働的な資質・能力の評価が大切になります。

　また、中学校では、定期考査というペーパーテストが学習評価の中心を占めていましたが、これからは、多様な資質・能力に対応したパフォーマンス評価や作品評価など、多様な評価方法が求められています。

　さらに、中学校では、5教科や体育科などでの数値による評価や、美術科や音楽科のように教師の観察に基づく評価がほとんどでしたが、これからは、生徒の資質・能力の習得・活用状況をA・B・Cという3段階の判断基準に基づいて評価するルーブリック評価を行う必要があります。この3段階での学習評価は、指導要録における「観点別学習状況の評価」のA・B・C評価につながります。

　こうした評価観の転換は難しいものですが、本書の理論と実践事例を参考にして、ご自身の教科での学習評価の改善と学校全体での組織的な評価マネジメントに生かしていただければありがたく思います。

　最後に、中学校に焦点を当てた学習評価の出版をお薦めくださった学事出版の二井豪様と江口真由様に深く感謝申し上げます。また、まだ中学校においては馴染みがない評価用ルーブリックの作成にご協力いただきました実践者の先生方にも、深く御礼申し上げます。ありがとうございました。

　本書が中学校での評価研究の活性化に役立つことを期待しています。

2024年4月吉日
早稲田大学教職大学院教授　田中博之

目　次

第1章

資質・能力を見取り育む 学習評価とは

1 学習評価とは何か

　学習評価とは、子どもたちの学習の状況や資質・能力の習得・活用状況を子どもたちや教師が振り返って把握したり価値付けたりすることです。

　具体的には、子どもたちが本時の振り返りシートに学んだことを書いたり、友だちの学びの様子について判断してアドバイスをしたり、教師が机間指導をしながら子どもの学習状況をチェックしたり、あるいは単元テストや定期考査をして子どもたちの知識・技能の習得状況を確認したりすることなどの多様な評価活動が含まれます。

　それぞれの評価活動は、順に、自己評価、相互評価、評価的指導、観察評価、客観テストによる評価と呼ばれます。

　一つ一つの評価活動は、中学校のごくありふれた日常の教育活動の中に組み込まれていますし、学習評価はどこにでもある普段の学校での教育活動の一環であることから、これまでと変わらず、何も新しいことはないと感じられても不思議ではありません。

　しかし、学習評価には、普段あまり実践していないものを含めると様々な方法があります。表1-1を見てください。ここでは、学習評価の構成要素として、「評価の主体」「評価の名称」「評価の目的」「評価の形態」「評価の対象」「評価の方法」という六つのカテゴリーを設定して、学習評価の諸活動を「子ども主体」による評価活動と「教師主体」による評価活動に二分して整理しています。

　例えば、子ども主体の学習評価としては、ルーブリック（学習評価のための判断基準表）を方法として用いて、子どもたちが自己の資質・能力の習得・活用状況のレベル別判断を自己評価によって行うルーブリック評価があります。このタイプの学習評価は、新学習指導要領において思考力・判断力・表現力などの高次な資質・能力を子どもたちが意識的に習得しようとする態度を育てるために、子どもたちにルーブリックを渡して自己評価させるものです。今後ますます重要になってくる学習評価です。

表1-1　評価の主体別に整理した学習評価の種類

評価の主体	評価の名称	評価の目的	評価の形態	評価の対象	評価の方法
子ども	・ポートフォリオ評価 ・ルーブリック評価 ・パフォーマンス評価 ・セルフチェック ・観点別自己評価 ・自由記述評価 ・診断的評価 ・形成的評価 ・総括的評価	・学習改善 ・自己成長のメタ認知 ・学習状況のレベル別判断 ・作品の練り上げ ・考えの修正 ・学習成果の確認 ・学習レディネスの把握	・自己評価 ・相互評価 ・グループ評価	・資質・能力 ・作品 ・パフォーマンス ・プロジェクト ・意識、行動	・評定尺度法 ・自由記述法 ・ルーブリック法 ・チェック項目法 ・付箋紙法
教師	・ポートフォリオ評価 ・ルーブリック評価 ・パフォーマンス評価 ・セルフチェック ・観点別学習状況の評価 ・自由記述評価 ・診断的評価 ・形成的評価 ・総括的評価	・学習状況のレベル別判断 ・子どもへのフィードバック ・C状況と判断された子どもへの支援 ・学習改善の支援 ・学習レディネスの把握	・机間指導 ・即時的フィードバック ・観点別学習状況の評価 ・評定 ・要録への所見記入	・資質・能力 ・作品 ・パフォーマンス ・日常的行動	・単元テスト ・ミニテスト ・定期考査 ・ルーブリック法

(右側タブ)第1章　第2章　第3章　第4章　第5章　第6章　Q&A

　もう一つ例を挙げるとすれば、教師主体の学習評価としては、パフォーマンス評価と呼ばれる、ルーブリックを方法として用いて、子どもの歌唱、楽器演奏、スピーチ、プレゼンテーション、演技、運動実技、ダンスなどの実演活動（パフォーマンス）における資質・能力の到達度（学習状況）の判断を、観点別に行う評価活動があります。このタイプの学習評価も、新学習指導要領において明示された多様な資質・能力の到達度を判断して指導要領における「観点別学習状況の評価」を行うために、今後ますます重要になってくる学習評価の一種です。

　それぞれの詳しい評価活動の特徴については、拙著『アクティブ・ラーニングの学習評価』（学陽書房、2017年）を参照してください。

　さらに、学習評価の多様な在り方を別の視点から理解するために、評価活動の時系列に沿って場面別に整理してみたものが表1-2です。

　この表では、「評価の場面」を整理のための軸として置いています。評価の場面とは、評価活動の時系列に沿ってカテゴリー化した六つの評価場面のことであり、具体的には、授業前の評価、授業中の評価、授業後の評価、通知票の記入、指導要録での評価、指導要録での評定となっています。

この中で、通知票の記入、指導要録での評価、指導要録での評定の三つは、教師だけが行うものですから、そこには子どもの評価活動は位置付けていません。

この表の中で特徴的なことは、子どもが行う学習評価の多くに「宿題」という印を付けていることです。これは、子どもたちが主体となって行う学習評価の多くが、授業中に時間を取って行うものだけでなく、授業の前後に「宿題」や日常活動として行うものであるということです。

もちろん、あまり過大な負担を課さないようにすべきですが、子どもたちが自分で身につけるべき資質・能力を自覚して、その習得・活用状況を単元や年間を通して継続的に粘り強く自己評価していくためには、授業中の評価活動だけでは十分でないため、どうしても授業の事前と事後にいく

表1-2　評価の場面別に整理した学習評価の多様な方法

評価場面	評価の名称	教師	子ども
授業前の評価	・診断的評価	・ミニテスト結果による前提状況の把握 ・生活学習アンケートによる前提状況の把握	・家庭学習状況の自己評価、相互評価（特別活動、宿題） ・授業中の学習状況の事前の自己評価（宿題）
授業中の評価	・評価的指導 ・自己評価、相互評価 ・評価セッション	・学習指導案への学習状況（A・B・C）の記入 ・行動観察による児童生徒の学習状況の評価 ・机間指導などでの児童生徒へのアドバイス ・授業中の子どものパフォーマンスの評価 ・補助簿への評価結果の記入	・パフォーマンスの自己評価、相互評価 ・製作した作品の自己評価、相互評価 ・学習成果や学習状況の振り返りと自己評価 ・キャリアパスポートの作成と蓄積 ・身につけた資質・能力の自己評価、相互評価
授業後の評価	・作品評価 ・パフォーマンス評価 ・形成的評価	・子どもの作品の評価 ・単元テストや定期考査の結果に基づく評価 ・子どものコース分けのための評価 ・補助簿への評価結果の記入	・キャリアパスポートの作成と蓄積（宿題） ・身につけた資質・能力の自己評価、相互評価（宿題） ・文章での自己評価、相互評価の記入（宿題） ・ミニテストや定期考査の結果の振り返りと解き直し
通知票の記入	・観点別評価の中間報告	・各学期または年度末の観点別学習状況の評価	
指導要録での評価	・観点別学習状況の評価 ・総括的評価、所見の記入	・年度末の観点別学習状況の評価	
指導要録での評定	・観点別評価の総括と評定 ・総括的評価	・年度末の観点別学習状況の評価の総括と評定	

つかの評価活動やキャリア・パスポートの作成などを位置付けることが必要になります。

　また、この表で新たに提案していることは、「子ども主体の評価活動を授業として成立させる」という考え方です。これは、どういうことを意味しているのでしょうか。

　それは、第5章で詳しく解説しますが、これからの学習評価においては、子ども主体の評価活動を「授業の振り返りとして1分でつける評価シートへの記入」にとどめることなく、「評価セッション」と呼ばれる一単位時間を十分にとった「評価のための学習活動」に格上げすることが大切であるということです。

　例えば、評価セッションによる学習活動としては、その単元で身に付けるべき資質・能力を子どもたちが自己決定したり、あらかじめ配付されたルーブリックに基づいて学習目標を自己設定したりする活動（どのレベルまでどの資質・能力を身に付けられるよう頑張るか）があります。また、単元の途中では、中間評価として、それまでに身に付けてきた資質・能力を振り返ったり、単元の後半の活動を通して身に付けるべき資質・能力を確認したりすることが行われます。そして、単元の最後には、単元を通して身に付けた資質・能力を振り返ったり、次の単元でさらに身に付けたい資質・能力を見通したりすることが行われます（拙著『「主体的・対話的で深い学び」学習評価の手引き』教育開発研究所、2020年参照）。

　こうして、「単元を貫く評価活動」、つまり単元を通して子どもたちが主体的な評価活動を継続して積み上げていくことで、子どもに自己評価力が身に付くとともに、子どもによる学習評価が子ども主体の学習改善につながるようになるのです。子どもによる学習評価を、このようにして時系列で単元のまとまりを通して捉えて、実践することが大切です。

　本書では、以上のような多種多様な学習評価の中でも、特にルーブリック評価やパフォーマンス評価、そして子どもによる学習改善を促す子ども主体の自己評価の在り方について、豊富な実践事例を写真で紹介しながら具体的に解説していきます。

　さらに、こうした多様な学習評価の手法を、一つ一つ単独で行っていく

のではなく、学校や学年、教科単位で、1年間の指導と評価の流れの中で組織的・計画的にバランスよく関連付けながら実施するために、評価マネジメントという新しい方法もありますので、ぜひ参考にしてください（「学習評価マネジメントに沿った学習評価計画作成」でネット検索し、ファイルをダウンロード）。

　こうして多様な学習評価の在り方を俯瞰して見てみると、ありふれていて新しさのない学習評価という教育活動には、実は新学習指導要領の改訂の趣旨を受けて大きな変化が起きつつあることに気付いて欲しいのです。その大きな変化のうねりは、次の5点で示すことができます。

【新学習指導要領の改訂の趣旨を受けた学習評価の改善の方向】

①ルーブリックを用いて資質・能力の習得・活用状況のレベル別判断を行い、指導要録での観点別学習状況の評価に生かす。

②「主体的・対話的で深い学び」の学習状況を、多様な思考・表現活動を対象にして評価する。

③子どもの自己評価を、年間を通して計画的に設けて、子ども主体の学習改善を促す。

④単元テストや定期考査におけるペーパーテストに思考力・判断力・表現力を評価する問題を取り入れて、評価問題の改善を行う。

⑤学校、学年、教科単位で評価マネジメントを行い、多様な学習評価を負担なく関連付けて実施し、改善する。

　こうした大きな評価観の変化を、ぜひ本書から学び取っていただき、日々の教育活動に取り入れてくださることを願っています。

2 学習評価の目的とは

　すでに表1-1で、学習評価の多様な目的を整理しておきました。もう一度それを見ておきましょう。

【学習評価の多様な目的（子ども主体）】
①学習改善
②自己成長のメタ認知（自己評価）
③学習状況のレベル別判断
④作品の練り上げ
⑤考えや作品の修正
⑥学習成果の確認
⑦学習レディネスの把握

【学習評価の多様な目的（教師主体）】
①学習状況のレベル別判断
②子どもへのフィードバック
③Cと判断できる状況の子どもへの支援
④子どもの学習改善の支援
⑤指導要録での評定に活かす評価資料の作成
⑥学習レディネスの把握

　特にこの中でも、新学習指導要領の改訂の趣旨に沿った新しい学習評価の目的と言えるものは、「学習改善」と「学習改善の支援」、そして「自己成長のメタ認知」「学習状況のレベル別判断」という項目です。これらの新しい評価目的は、新学習指導要領が「思考力・判断力・表現力」や「学びに向かう力・人間性」などの高次な資質・能力の一層の習得と活用をねらいとして改訂されたことから必要になったものです。

ここでの「学習改善」とは、2019年１月に中央教育審議会教育課程部会から出された「これからの学習評価の在り方（報告）」で初めて提案された新しい学びの在り方のことです。子どもたちが主体的な学習者になるということは、自己の学習を改善していくことであるという考え方に基づいていると言えるのです。

3　新しい学習評価がないとどのような問題が起きるのか？

　では、こうした「学習改善」や「学習改善の支援」、そして「自己成長のメタ認知」「学習状況のレベル別判断」といった新しい学習評価が実施されないままになると、どのような問題が起きるのでしょうか。

①子どもたちの学習活動がやりっぱなしになり、学習成果が上がらない
　　新しい学習評価では、子どもたちによる自己評価と相互評価がより多く行われるようになります。そのため、子ども主体の学習評価がないと、評価から改善のサイクルが生まれずに学習成果が上がりません。
②子どもたちが「資質・能力をもっと身に付けよう！」と思わなくなる
　　新しい学習評価では、ルーブリックで身に付けるべき資質・能力を子どもたちに明示します。それがないと、子どもたちがこの資質・能力をこのレベルまで身に付けようという自覚や意識が生まれません。
③子どもたちが作品や考え、実演を練り上げなくなる
　　新しい学習評価では、単元内や授業内に中間評価の時間を設定して練り上げや修正などの学習改善の場面を多く設定しますが、それがないと初発の感想や下書きをそのままにしてしまい、作品や考えを改善しなくなります。
④自分の学習を改善したり次の学習目標を設定したりしなくなる
　　新しい学習評価では、子どもたちが自らの学習を改善したり次のレベ

第1章

第2章

第3章

第4章

第5章

第6章

Q&A

ルアップした学習目標を設定したりすることを促しますが、それがない
と学習意欲が高まらずに学習が受け身になります。

⑤単元テストや定期考査が知識・技能の基礎問題ばかりになる

　新しい学習評価では、思考力・判断力・表現力を評価できる新しい
ペーパーテストを作成・実施しますが、それがないと単元テストや定期
考査の問題が、知識・技能の定着度を測る基礎問題に偏ってしまいま
す。

⑥「主体的・対話的で深い学び」を生み出そうとする意識が芽生えない

　新しい学習評価では、子どもたちが自己評価と相互評価を通して、主
体的に学べているか、対話が効果的か、深く学べているかを判断して改
善するため、それがないと受け身の学習にとどまってしまいます。

⑦多様な資質・能力を組織的・計画的に評価しなくなる

　新しい学習評価の基盤をなす評価マネジメントがないと、高次な資
質・能力を粘り強く計画的に評価する学校になることができません。

　また、教師や生徒の評価の負担が大きくなり「評価疲れ」が生じて、
多様な評価方法をあきらめて基礎・基本問題のペーパーテストだけに
戻ってしまいます。

　このような７点の問題を発生させないようにすることが大切です。

4 新学習指導要領で育成を図る 資質・能力とは

　では、これからの学習評価で測ろうとする資質・能力には、どのような
ものがあるのでしょうか。

　今回の学習指導要領の改訂は、21世紀社会で必要となる多様な資質・能
力（いわゆるコンピテンシー）を育てることを最も重要な課題にしていま
す。そのため、新学習指導要領には、道徳科を除く各教科・領域において、

どのような資質・能力を育てるべきかが明確に記述されています。

　そこで、ここでは、その整理・枠組みを「中央教育審議会答申」（2016年12月）に沿って紹介したいと思います。今回の学習指導要領の改訂では、これまでで最大の変化が起きているのです。

　まず、「答申」では、新学習指導要領のもとでの学校教育において育成を図る資質・能力を次の三つの柱で整理していますので引用します。

---

①「何を理解しているか、何ができるか（生きて働く「知識・技能」の習得）」

　　各教科等において習得する知識や技能であるが、個別の事実的な知識のみを指すものではなく、それらが相互に関連付けられ、さらに社会の中で生きて働く知識となるものを含むものである。

②「理解していること・できることをどう使うか（未知の状況にも対応できる「思考力・判断力・表現力等」の育成）」

　　将来の予測が困難な社会の中でも、未来を切り拓いていくために必要な思考力・判断力・表現力等である。思考・判断・表現を行う学習過程には、大きく分類して以下の三つがあると考えられる。

　・物事の中から問題を見いだし、その問題を定義し解決の方向性を決定し、解決方法を探して計画を立て、結果を予測しながら実行し、振り返って次の問題発見・解決につなげていく過程

　・精査した情報を基に自分の考えを形成し、文章や発話によって表現したり、目的や場面、状況等に応じて互いの考えを適切に伝え合い、多様な考えを理解したり、集団としての考えを形成したりしていく過程

　・思いや考えを基に構想し、意味や価値を創造していく過程

③「どのように社会・世界と関わり、よりよい人生を送るか（学びを人生や社会に生かそうとする「学びに向かう力・人間性等」の涵養）」

　　前述の①及び②の資質・能力を、どのような方向性で働かせていくかを決定付ける重要な要素であり、以下のような情意や態度等に関わるものが含まれる。こうした情意や態度等を育んでいくためには、体験活動も含め、社会や世界との関わりの中で、学んだことの意義を実感できるような学習活動を充実させていくことが重要となる。

　・主体的に学習に取り組む態度も含めた学びに向かう力や、自己の感情や行動を統制する能力、自らの思考の過程等を客観的に捉える力など、いわゆる「メタ認知」に関するもの。一人一人が幸福な人生を自ら創り出していくためには、情意面や態度面について、自己の感情や行動

第1章
第2章
第3章
第4章
第5章
第6章
Q&A

　を統制する力や、よりよい生活や人間関係を自主的に形成する態度等
　を育むことが求められる。こうした力は、将来における社会的な不適
　応を予防し保護要因を高め、社会を生き抜く力につながるという観点
　からも重要である。
・多様性を尊重する態度と互いのよさを生かして協働する力、持続可能
　な社会づくりに向けた態度、リーダーシップやチームワーク、感性、
　優しさや思いやりなど、人間性等に関するもの。
　　　　　　　　　　　（以上は、中央教育審議会答申、pp.28-31）

　この三つの柱は、新しい指導要録の三つの評価の観点につながるもので
あり、その原型は、学校教育法（2007年改正）で定められた、いわゆる学
力の三要素です。したがって、こうした三つの分類法は、とりわけ新しい
というわけではありませんが、それぞれの柱の中で資質・能力の下位項目
として挙げられているものには、注目しておく必要があります。
　さらに「答申」では、資質・能力のもう一つの分類法を提案しています。
上記の三つの柱と似ていて紛らわしいので、ここでは「資質・能力の三つ
の領域」と呼ぶことにしましょう。
　その三つの領域とは、「各教科等において育まれる資質・能力」「教科等
を越えた全ての学習の基盤として育まれ活用される資質・能力」「現代的
な諸課題に対応して求められる資質・能力」です。イギリスなどでは、2
番目の資質・能力は、「教科横断的な資質・能力（cross-curricular
skills）」と呼ばれており、30年ほど前からナショナルカリキュラムとあわ
せて提案されてきた能力観です。3番目の資質・能力は、イギリスでは同
様に「教科横断的なテーマ」と呼ばれていました。
　わが国の学習指導要領の改訂も、イギリスに30年遅れてようやくコンピ
テンシーの育成を目的とするようになったのです。
　では次に、それぞれについて見ていきましょう。

○各教科等において育まれる資質・能力
　まず、育成を図る資質・能力の三つの領域の中で、1番目の「各教科
等において育まれる資質・能力」には、当然のこととして、資質・能力

の三つの柱が位置付けられることは、言うまでもありません。

　なお、学習指導案等での目標の記載においては、学習指導要領の規定に沿って、「知識及び技能」「思考力・判断力・表現力等」「学びに向かう力・人間性等」という用語を用いるようにします。

　さらに、「深い学び」を実現するために必要な「見方・考え方」が加わります。そのことを、「答申」では次のように述べています。

> 知識・技能のみならず、それぞれの体系に応じた思考力・判断力・表現力等や学びに向かう力・人間性等
> 　　　　　　　　　　　　　　　　　　　　（中央教育審議会答申、p.32）
> 各教科等の特質に応じた物事を捉える視点や考え方が「見方・考え方」
> 　　　　　　　　　　　　　　　　　　　　（中央教育審議会答申、p.33）

○教科等を越えた全ての学習の基盤として育まれ活用される資質・能力

　２番目の資質・能力は、「教科等を越えた全ての学習の基盤として育まれ活用される資質・能力」、いわゆる「教科横断的な資質・能力」です。新学習指導要領では、簡単に言い換えて、「教科等横断的な資質・能力」と言っています。「答申」では、次のような項目を例示しています。

> 言語活動を通じて育成される言語能力（読解力や語彙力等を含む。）、言語活動やＩＣＴを活用した学習活動等を通じて育成される情報活用能力、問題解決的な学習を通じて育成される問題発見・解決能力、体験活動を通じて育成される体験から学び実践する力、「対話的な学び」を通じて育成される多様な他者と協働する力、見通し振り返る学習を通じて育成される学習を見通し振り返る力などが挙げられる。
> 　　　　　　　　　　　　　　　　　　　　（中央教育審議会答申、p.35）

　それに加えて、「答申」では次のような二つの力も示しています。

> 物事を多面的・多角的に吟味し見定めていく力（いわゆる「クリティカル・シンキング」）、統計的な分析に基づき判断する力

これらの資質・能力は、学習指導要領の教科・領域の中では必ずしも具体的に記載されていませんが、各学校で特色あるカリキュラム編成を通して、積極的に育成することができるような授業改善を行うことが大切です。

また、新学習指導要領においては、その総則において、「教科等横断的な学習の基盤となる資質・能力」という用語で、この資質・能力を明記しています。具体的には、課題発見・解決能力、言語能力、情報活用能力などが例示されています。

○現代的な諸課題に対応して求められる資質・能力

そして3番目の資質・能力は、「現代的な諸課題に対応して求められる資質・能力」です。

このようにして例示された項目も、学習指導要領においては必ずしも教科・領域の中には記載されていませんが、各学校で特色あるカリキュラム編成を通して育成を図ることが必要です。実際には、総合的な学習の時間や特別活動において育成することがふさわしい項目が挙げられています。

このように、現代的な諸課題に対応して求められる資質・能力としては、以下のようなものが考えられる。
・健康・安全・食に関する力
・主権者として求められる力
・新たな価値を生み出す豊かな創造性
・グローバル化の中で多様性を尊重するとともに、現在まで受け継がれてきた我が国固有の領土や歴史について理解し、伝統や文化を尊重しつつ、多様な他者と協働しながら目標に向かって挑戦する力
・地域や社会における産業の役割を理解し地域創生等に生かす力
・自然環境や資源の有限性等の中で持続可能な社会をつくる力
・豊かなスポーツライフを実現する力

(中央教育審議会答申、p.41)

---

5 資質・能力の三つの柱に沿った 学習評価の在り方

　では、こうした多様な資質・能力をどのような評価方法で評価すればよいか、見ていきましょう。

　新学習指導要領で育成を図る資質・能力の中で、学習評価の対象となる資質・能力の評価の観点は、「知識・技能」「思考・判断・表現」「主体的に学習に取り組む態度」の三つです。それぞれにふさわしい学習評価の方法を、表1-3に整理しました。では、それぞれの資質・能力ごとにこれからの学習評価の在り方を見てみましょう。

表1-3　資質・能力の三つの柱に沿った観点別の学習評価の方法（教師）

評価の観点	評価の名称	評価の方法
知識・技能	・客観式ペーパーテスト ・パフォーマンステスト	・点数法 ・実演評価
思考・判断・表現	・ルーブリック評価 ・論述式ペーパーテスト ・パフォーマンステスト	・点数法（解答類型） ・作品評価 ・実演評価
主体的に学習に取り組む態度	・ポートフォリオ評価 ・自由記述評価 ・行動観察	・ノート評価 ・作品評価 ・観察法

(1) 知識・技能を観点とする学習評価

　子どもたちがどれほど知識・技能を習得したか、また定着させているかについて見るために行う学習評価の在り方は、これまでに比べて大きく異なるわけではありません。例えば、小学校においては、単元テストや学力調査のための業者テスト、都道府県や政令市が独自に作成した学力定着度テストなどがあり、中学校においては、中間テストや期末テストなどの定期考査や小学校と同様の学力調査や学力定着度テストなどがあります。

　こうしたペーパーテストによる知識・技能の学習評価は、これまでと同じように実施して構いません。新学習指導要領になっても、基礎的・基本的知識・技能の習得と定着は変わらずに大切だからです。

第1章

第2章

第3章

第4章

第5章

第6章

Q&A

　ただし、知識・技能という資質・能力の評価の観点の中で、「技能」については、教科によってペーパーテストで評価できないものがあります。それについては、実技テストを行うことが必要になってきます。

　実技テストとは、パフォーマンス・テストとも呼ばれ、主に理科や外国語科、体育科、音楽科などで、生徒に実験器具の操作、スピーチ、運動、演奏、歌唱などの実技を共通の条件と環境のもとで行わせて、そこに含まれる資質・能力の達成レベルを行動観察により測定する方法です。

　体育科の水泳や陸上の実技テスト、音楽科での楽器演奏や歌唱の実技テストは、誰にでもなじみが深いものでしょう。しかし今後は、外国語科や体育科、音楽科の実技テストでも多面的・多角的にスキル評価を行うために、一部、ルーブリックを用いた学習評価を行う必要があります。特に体育科では、運動技能のレベルを速さや高さ、距離などの数値で測定できない種目、例えばダンス、サッカーの試合中の技能などは、評価者による判断が必要となるために、理想的にはルーブリックが必要になります。

　その他に、理科では、実験器具を組み立てる操作や試薬の作成を行わせる実技を教師が観察して、生徒が必要な技能を発揮して正しい操作ができたかどうかを判断し、実験の操作技能を評価するといったパフォーマンス・テストがあります。ただし、人数の関係で多くの時間を必要とすることから、実際には理科でのパフォーマンス・テストは実施が困難です。

(2) 思考・判断・表現を観点とする学習評価

　育成を図る資質・能力の中でも、この20年間程の学習評価の研究で発展してきたのは、思考力・判断力・表現力に関する学習評価の在り方です。具体的な評価技法については、第3章を参照してください。

　2000年に第1回が実施された、OECDのPISA調査では、日本の高校1年生の読解力スコアが、他のOECD加盟国と比較して、8位というように低迷したことが契機となり、今日の思考力・判断力・表現力を育てるための教育改革が起きてきたことは、記憶に新しいことです。

　本書が出版される2024年までにすでに8回実施されてきたPISA調査では、2018年度調査で新たな資質・能力として、「テキストの質と信ぴょう

性を評価する」力や、「矛盾を見つけて対処する」力といった、より高度な思考力・判断力・表現力が測定対象になっています。

　PISA 調査で測ろうとしている資質・能力は、文部科学省の定義でPISA 型読解力と呼ばれていて、分かりやすく具体的に整理すると次のように定義されています。

　PISA 型読解力は、原語では、Reading Literacy であり、「自らの目標を達成し、自らの知識と可能性を発達させ、効果的に社会に参加するために、書かれたテキストを理解し、利用し、熟考する能力」と定義されています。そして、その具体的な能力領域として次のような四つが設定されています。

[PISA 型読解力の項目]
①情報の取り出し
②解釈
③熟考
④評価

　文部科学省では、PISA 型読解力の特徴を、次の 4 点に集約しています。

[PISA 型読解力の特徴：文部科学省による解釈]
①テキストに書かれた「情報の取り出し」だけはなく、「理解・評価」（解釈・熟考）も含んでいること
②テキストを単に「読む」だけではなく、テキストを利用したり、テキストに基づいて自分の意見を論じたりするなどの「活用」も含んでいること
③テキストの「内容」だけではなく、構造・形式や表現法も、評価すべき対象となること
④テキストには、文学的文章や説明的文章などの「連続型テキスト」だけでなく、図、グラフ、表などの「非連続型テキスト」を含んでいること

　詳しい解説については、拙著『改訂版カリキュラム編成論』（放送大学教育振興会、2017年）の第3章を参考にしてください。

　ここで、今ではもう新しくないPISA型読解力という考え方を引用しているのは、思考力・判断力・表現力というこれからますます大切になる資質・能力の捉え方が、各学校で少し浅いレベルにとどまっているのではと気付くことが多くなってきたからです。

　と言うのも、新学習指導要領が提案する思考力・判断力・表現力は、ただ「考えればよい」とか、「判断していればよい」とか、「表現していればよい」というものではありません。新しい学習指導要領が理論的根拠としているPISA型読解力という資質・能力は、高度な思考力・判断力・表現力を求めていることに留意してほしいのです。具体的に列挙すると、次のような思考・判断・表現を求めています。これらが、まさに「深い学び」という高度なレベルでの思考・判断・表現なのです。

【これから求められる高度な思考力・判断力・表現力の項目例】

（思考力）

・思いつきや勘だけで答えを当てるのではなく、叙述や資料、データに基づいて、それらを根拠として引用して自分の考えを形成する。

・複数の資料や観察結果をもとに、それらを比較したり関連付けたりして共通点や相違点を検討し、しっかりとした結論を出す。

・自分とは異なる多様な考えや意見を参考にして、自分の考えや意見を根拠や論理を明確にして形成したり再定義したりする。

（判断力）

・既製の資料や作品の正しさや根拠をそのまま受け取るのではなく、自ら他の資料やデータにあたって批判的に検討する。

・その授業や単元で学んだことから、次に取り組みたい新しい課題や疑問、問いを考えて、次の学びへとつなげる。

・自然現象や社会事象などの表面的な特徴だけでなく、その原因や背景、因果関係、文脈、他の現象や事象との関連性を探る。

（表現力）

・思いつきで考えるのではなく、理由や根拠を資料やデータを引用して、文章や式、図を組み合わせて分かりやすく説明する。

・本や資料をそのまま要約するのではなく、既有知識を活用して自分なりの言葉や表現を工夫して書いたり話したりする。

・思いつきや勘ではなく、学んだ知識や技能を活用したり、それらを組み合わせて活用したりして、考えたり表現したりする。

　ただし文部科学省の定義では、「深い学び」は以上のような高度な思考・判断・表現の活動を含みませんが、PISA 型読解力を参考にして、「深い学び」はこのような高度な思考力・判断力・表現力を育てるものとして定義することが大切です。そのため各学校でこれから「深い学び」を生み出したり、「深い学び」の学習評価のための評価規準を設定したりするときには、筆者が提案する「深い学びの技法」を参考にしてくださることを期待しています。なぜなら、「深い学びの技法」には、ここで解説した多くの高度な思考力・判断力・表現力を身に付ける学び方が含まれているからです（拙著『「深い学び」実践の手引き』教育開発研究所、2017年参照）。

　このような高度な思考力・判断力・表現力を見るための学習評価は、①単元テストや定期考査でのペーパーテストに活用問題を組み入れて解答類型やルーブリックで採点する、②子どもたちに書かせた作文やレポート、新聞、彫塑や絵画、料理、木工品、金工品などの作品評価を、ルーブリックを用いて行う、③子どもたちの歌唱や楽器演奏、創作ダンス、プレゼンテーション、スピーチなどの高度な技能を伴う演技や実技、実演などを含むパフォーマンス評価をルーブリックで行う、という三つのタイプに整理できます。なお詳しい解説は、次の6節を参照してください。

（3）主体的に学習に取り組む態度を観点とする学習評価

　この「主体的に学習に取り組む態度」という評価の観点に即した学習評価の在り方は、中央教育審議会教育課程部会が出した「児童生徒の学習評価の在り方（報告）」（2019年3月）とそれに関わる文部科学省局長通知に

よって、これまでの関心・意欲・態度の学習評価に比べて新しい評価方法として提案されているため、その概要について解説しましょう。

その中では、「主体的に学習に取り組む態度」とは、次の3点の特徴をもつものと定義されています。

【主体的に学習に取り組む態度の特徴】

①粘り強さ

②試行錯誤

③自らの学習状況の把握

ただしこれだけでは、具体的な評価対象となる生徒の学びの姿としては不十分ですので、私見を入れてもう少し具体的に捉えてみましょう。

【主体的に学習に取り組む態度の評価の在り方（田中案）】

①課題解決の過程における生徒の評価・改善の状況を、ノートやワークシートの継続な追跡、またはポートフォリオの評価によって判断する作品評価を、ルーブリックを用いて行う。

②学期毎に身に付けた資質・能力を振り返るとともに、次の学期や学年で身に付けたい資質・能力を見通して自覚しているかどうかを、ノートやワークシートの継続的な追跡によって判断する作品評価を、ルーブリックを用いて行う。

③全ての教科・領域で、子どもが学習評価の結果を生かして学習改善の在り方を見通して自覚しているかどうかを、ノートやワークシートを対象として見取る作品評価を、ルーブリックを用いて行う。

④学校や家庭での学習を振り返り、どのような資質・能力を身に付けたかをファイルに蓄積し記録し考察しているかどうかを、キャリア・パスポートを用いて見取る作品評価を、ルーブリックを用いて行う。

言い換えれば、子どもたちの授業中の挙手の回数を評価したり、宿題やノートの提出率を評価したりするのではなく、粘り強く1年間を通して継

続的に、身に付けた資質・能力を振り返ったり、より高度で多くの資質・能力を身に付けられるように学習改善の在り方を考えたりしたかどうかを、教師が主にルーブリックを用いてノートやワークシート、キャリア・パスポートの作品評価によって判断することが新しく入ってくるのです。具体的な方法については、第4章を参考にしてください。

6 ルーブリック評価とは

　ではさらに、これからの新しい学習評価で重要になる評価方法であるルーブリック評価の特徴について、理解を深めていきましょう。

(1) ルーブリックとは

　「ルーブリック」とは、絶対評価のための判断基準表のことです。英語では rubric と表記し、もとは聖書の教典の中で教会の儀式の在り方を朱書きで示したものを意味していました。そこから、行動規範といったような意味で使われるようになり、教育用語としては、アメリカ合衆国で1980年代からポートフォリオ評価法の普及とともに、絶対評価の判断基準表を意味する用語として広く使われるようになってきました。現在では、アメリカだけでなく、韓国やオーストラリアの学校でも広く使われるようになっています。

　ルーブリックは、縦軸に評価レベル（A・B・C）を位置付け、横軸に評価したい資質・能力の評価の観点と評価規準を置き、それらが交差するセルに具体的なレベル別の資質・能力を示す判断基準を文章で書き込んで並べた一覧表です。最も詳しい判断基準表として、それぞれの基準（A・B・C）に点数（3点・2点・1点）を与えて、学習成果の総括的な評価点数を算出できるように工夫したものもあります。

　なお、国際バカロレア学校では、判断基準を表にせずに箇条書きで列挙

して示したものを使っていたり、イギリスではルーブリックのことを評価マトリクスと呼んだりしていて、国や地域によって少しずつ表現様式に違いがあります。

　こうした特徴をもつルーブリックを作成するようになってきたのは、特にペーパーテストでは評価しにくい資質・能力について、より客観的で、しかもより高い妥当性と信頼性をもちながら、多面的・多角的に学習評価を行えるようにするためです。

　したがって、ルーブリックは、「知識・技能」の観点だけで作成するのではなく、「思考・判断・表現」や「主体的に学習に取り組む態度」といった多様な資質・能力を示す評価の観点を含めて作成することが大切です。

　ではまず具体例として、国語科でグループの友だちがインタビューをしている様子を、他のメンバーの生徒が相互評価するルーブリックを紹介します（表1-4）。

　このルーブリックでは、まず評価の観点として、「内容構成」「言語の活

表1-4　国語科のインタビューの相互評価のためのルーブリック

評価観点		内容構成	言語の活用	非言語活動	礼儀・マナー
	評価規準	相手の特徴を聞き出す効果的な質問がなされていて、応答に関連付けられた追加質問や掘り下げ質問がタイミングよくできている。	聞き出す技法として、話題の出し方、目的やめあての提示、共感の仕方、あいづち、具体例や経験談の提示、などが効果的である。	非言語コミュニケーションの技法として、アイコンタクト、うなずき、表情、手振り・身振り、などが効果的である。	インタビューで必要な礼儀・マナーとして、あいさつ、丁寧語の使用、お礼の言葉、正しい姿勢、時間厳守、などの項目を守って実施できている。
判断基準	A	相手の特徴を捉えた効果的な質問と応答がくり返されていて、内容的に深まりがある。	5つの言語活用上の工夫点のうち、3つ以上の技法を表現力豊かに活用している。	4つの非言語活動上の工夫点のうち、3つ以上の技法を表現力豊かに活用している。	5つの礼儀・マナー上の工夫点のうち、4つ以上の技法を表現力豊かに活用している。
	B	相手の特徴を捉えた質問がされているが、質問と応答の深まりがなく、聞いて答えるだけになっている。	5つの言語活用上の工夫点のうち、3つ以上の技法を活用しているが、活用する回数が少ない。	4つの非言語活動上の工夫点のうち、3つ以上の技法を活用しているが、活用する回数が少ない。	5つの礼儀・マナー上の工夫点のうち、3つの技法を活用しているが、活用する回数が少ない。
	C	事前の下調べが十分ではなく、相手の特徴をしっかりと聞き出していない。	5つの言語活用上の技法のうち、1つまたは2つだけを活用している。	4つの非言語活動上の技法のうち、1つまたは2つだけを活用している。	5つの礼儀・マナー上の工夫点のうち、1つまたは2つだけを活用している。

※Cを1点、Bを2点、Aを3点として採点し、最高点を12点、最低点を4点とする。

用」「非言語活動」「礼儀・マナー」という四つを設定して、生徒に身に付ける資質・能力を分かりやすく明示しています。生徒の評価力がまだ十分に育っていないと感じられれば、観点を二つか三つにしてもよいでしょう。

　次に、それぞれの評価の観点に沿って、具体的な評価規準を書き入れます。ここでは、身に付ける資質・能力を細かく整理して、四つから五つの項目を書き入れていることが工夫点となっています。いつも、こうした小項目を整理して書き込むことができるとは限りませんが、こうすることによって、その下のそれぞれのレベルに書いた判断基準の中に、達成している状況を示す数値を書けるので、より妥当性の高い評価ができるのです。

　ただし、実際に生徒に使わせてみると、こうした小項目が多いと逆に評価をしにくくなるので、配慮が必要です。また、インタビューは文章や絵画などとは異なり、音声言語ですから、録音しないとすぐに消えてしまいます。その意味でも小項目が多すぎると生徒の負担になるので注意が必要です。

　最後に、このルーブリックでは、Ａレベルの判断基準の中に「表現力豊かに」という文言が入っていますが、やや曖昧な表現ですので、ルーブリックの欄外に、具体的なやりとりの様子を例示しておいた方がよいでしょう。

　二つ目に、社会科の社会科新聞の作品評価をするルーブリックを紹介します（表1-5）。

　このルーブリックは、中学校の公民分野で、例えば消費税増税についての意見文を書かせて新聞の社説にするような場合の評価ツールとして使えるでしょう。

　また、評価の観点に、「内容の深まり」という項目が入っていることが特徴です。調べた事実だけでなく、その固有性や歴史的な背景までを含めて記述しているかどうかを評価するのです。活用型学力である思考力・判断力・表現力の評価がルーブリックによって可能となります。

　三つ目に、外国語科におけるスピーチ表現のパフォーマンス評価を行うときに活用できるルーブリックを紹介しましょう（表1-6）。

第1章
第2章
第3章
第4章
第5章
第6章
Q&A

表1-5　社会科の社会科新聞の作品評価のためのルーブリック

評価の観点／評価のレベル	レイアウトの工夫	内容の深まり	個性的な意見
レベルA	段組のよさを生かして、タイトルや小見出しを工夫し、さらにイラストや写真などを入れたり、コラムやコーナーの配置をしたりして、読者が読みたくなり読みやすくする工夫をしている。	見たこと・聞いたことを記事にして書くだけでなく、思ったこと・不思議なこと・ユニークなことなどを、その理由や歴史にも触れながら記事を詳しく書いている。	本や資料に書いていることやインタビューしたことをまとめて記事にしただけでなく、自分の考えや意見、自分で作ったアンケートの結果、自分の言葉で書いた編集後記などがある。
レベルB	段落を3つか4つに分けて見やすくする工夫やイラスト・写真を入れたりしているが、記事の文章が多くて、読者の立場に立ったレイアウトの工夫が少ない。	見たこと・聞いたことを記事にして書くだけでなく、思ったこと・不思議なこと・ユニークなことなども記事にして書いている。	本や資料に書いていることやインタビューしたことをまとめて記事にしただけでなく、自分の考えや意見、自分の言葉で書いた編集後記などがある。
レベルC	記事の文章が多くて、読者の立場に立ったレイアウトの工夫が少ない。	見たこと・聞いたことを記事にして書いている。	本や資料に書いていることを短くまとめて記事にしている。

※この自己評価ルーブリックで、自分の作文をしっかりと見直して書き直そう！
　友だちと相互評価をしてアドバイスをもらい、自分の作文の改善に生かそう！
　作文の清書が終わるころには、レベルAが増えているように努力しよう！

表1-6　外国語科のスピーチ表現を評価するルーブリック

レベル	1．論理構成	2．習得した知識・技能の活用	3．メッセージ性	4．発音
A	スピーチの構成の「型」がしっかりと使えていて、説得力がある。	この単元で新たに習得した単語、フレーズ、慣用表現が5つ以上使えている。	自分の特技、趣味、夢が語られていて、個性的なメッセージを含んでいる。	単語の発音、イントネーション、強調表現がほぼ正確である。
B	スピーチの構成の「型」があいまいなために、わかりにくい部分がある	この単元で新たに習得した単語、フレーズ、慣用表現が3つから4つ使えている。	自分の特技、趣味、夢が語られているが、一般的な内容がほとんどである。	単語の発音、イントネーション、強調表現にやや不正確なものがある。
C	スピーチの構成の「型」が十分に使えていないため、わかりにくい。	この単元で新たに習得した単語、フレーズ、慣用表現などをほとんど使えていない。	自己紹介の内容が限られていて、個性的な内容が含まれていない。	単語の発音、イントネーション、強調表現に不正確なものが多い。

※レベルCを1点、レベルBを2点、レベルAを3点として採点し、最高点を12点、最低点を4点とする。

　このルーブリックでも、簡略化して評価規準を記入していませんが、外国語科の特性を生かして、「技能の活用」というポイントを入れていることや、「発音」も評価対象としていることが特徴です。具体的には、自己紹介スピーチや学校紹介スピーチで使うことを想定しています。なお、「発音」の観点では、単語やフレーズを特定して評価してもよいでしょう。

実際に採点を始めてみると、どちらのレベルにあてはまるのかが分かりにくかったり、「説得力」「主観的」「豊かに」といった判断基準の文章中にある用語そのものが明瞭でなかったり、あるいは、ルーブリックで想定していた項目以外の要素が多すぎて評価対象が偏ってしまったりすることがあるでしょう。

　そのような場合には、ルーブリックの修正が必要となります。例えば、具体的な文章を追加して表記したり、ルーブリックの下や別表に備考欄を設けて判断した事例や根拠を列挙しておいたり、あるいは評価の観点を増やしてみることが考えられます。完璧なものは作れませんから、少しでもよいものを作って活用するという意識で無理なく進めてください。

　ただし、ペーパーテストで客観的に評価しにくい観点を扱えば扱うほど、その判断基準の文章表記やレベル分けの仕方について、継続的な改善と修正を行うことが必要になります。また、より信頼性を高めるためには、複数の評価者が同じルーブリックを使って一つの作品やパフォーマンスを評価し、評価結果の一致度を測ってみるなどの工夫が必要となりますので、ルーブリック評価を日常的に高い信頼性をもって実践することは、難しいことなのです。

　さらに、各単元で設定した評価規準に基づいて作成したルーブリックを用いて算出した、一人一人の生徒に関する学習成果の評価得点を、指導要録における年度末の評定に換算したり、レポートの採点結果を定期考査の思考力・判断力・表現力の得点に換算したりするためには、一定の「換算式」を各学校において設定しておかなければなりません。

　そして、より妥当性と信頼性の高い換算式にするためには、同じ学年や同じ教科の教師集団が、生徒の学習状況や学習成果を、作品分析や行動観察によって多面的・多角的に捉えて共有化し、それらをもとにして常にルーブリックの改善と修正を行うことが大切です。

　また、必要に応じて、自校と他校で作成・活用しているルーブリックを比較検討することによって、少なくとも同じ市町村内の学校間でルーブリックや得点換算式に大きな違いがないように、「判断基準標準化検討会議（standardization meeting）」などを開いて情報交換を行うことも求

められるでしょう。

　しかしながら、このようにして理想を追求しようとすればするほど、実践には大きな困難を伴いますので、日々の授業の中では、上記のようにあまり複雑で高度な条件を満たさなくても、例えばルーブリックの作成時点で複数の教師が協力したり、評価が厳しすぎたり甘すぎたりしていないかを他の学級や学年の教師にアドバイスを求めたりするという程度が現実的です。

　ただし、中学校や高等学校では、同じ教科部会の複数の教師が、ルーブリックの作成やルーブリックを用いた採点などにおいて、統一的な方法や考えをもって協力し合うことが不可欠です。

　さて、よく「評価規準とは、B基準のことである」という考え方を見かけることがありますが、それは間違っています。評価規準とは、あくまでも観点別の付けたい資質・能力を表す評価の観点をより具体的に文章表記したものですが、評価基準（本書では、まぎらわしさを避けるために、判断基準という用語を用いています）とは、その評価規準で表された資質・能力をレベル別に文章化したものですから、両者は別のものなのです。

　例えとして、評価規準はものさしの種類を示し、評価基準（判断基準）はものさしの目盛りを示すと言われます。

　もし、評価規準とB基準が同じものであれば、評価基準のレベル差を数値で明確に示すことができなくなり、あいまいな評価しかできなくなります。逆に、一つの方法として、必要に応じて判断基準に数値を入れて具体的に資質・能力のレベル差を示して明瞭な判断基準を示すことで、妥当性の高いルーブリック評価が可能になるのです。逆に、評価規準においては数値による明瞭な定義はしないことが普通です。

　こうした数値を用いた資質・能力のレベル差を組み入れた判断基準を作ることによって初めて、学習指導案の中に留意点という程度で書き込んでいる曖昧な評価規準ではなく、作品評価やパフォーマンス評価の結果を指導要録における観点別学習状況の評価に組み入れることや、必要に応じて学習指導の成果を検証して実践報告書や紀要論文にまとめることができるようになるのです。

　では、教師が行う学習評価においては、なぜルーブリックが必要になるのでしょうか。それは、ルーブリックを用いない従来の作品評価やパフォーマンス評価の方法では十分ではないことが、次のような理由から分かってきたからです。

【学習評価にルーブリックを必要とする理由】
①子どもの作品やパフォーマンスを多面的・多角的に評価する。
②ルーブリックを開示し子どもと教師が評価の観点や規準を共有する。
③判断基準で示される評価のレベル差が子どもの目標値となる。
④教師の主観や直感ではなく、明確な基準に基づいた評価を行う。
⑤複数の教師で判断基準を共有し妥当性・信頼性の高い評価をする。

　①は、これまでのように一つの観点による点数や数値に基づく評価ではなく、子どもの作品やパフォーマンスに表れる学習成果の観点を複数設定して多面的・多角的に見ることの大切さを示しています。
　②は、どのようなルーブリックで評価をするのかを子どもにも保護者にも開示して、評価規準や判断基準を可視化することです。
　③は、「学びと評価の一体化」という考え方に従って、学習目標と評価規準を一致させ、子どもたちにルーブリックを提示することで、一つでも多くの観点でＡレベルを目指そうという学習意欲を高めることにつながるため大切なポイントとなります（詳しくは、第5章を参照）。
　④は、②と部分的に関連していますが、「主体的・対話的で深い学び」の学習評価をブラックボックスにしてしまうのではなく、開かれた評価にすることや、学習評価の在り方を教師の授業力や評価力の育成と関わらせて、教員研修の課題とする必要性を示しています。
　最後の⑤については、教科担任が1名のみの教科も現在では少なくありませんから、難しいことですが、学習評価を保護者や子どもに対して信頼のあるものにするためには必要なことです。
　「主体的・対話的で深い学び」の学習状況に関わる学習評価において、

ルーブリックが必要になる理由は、次のような５点になります。

【「主体的・対話的で深い学び」でルーブリック評価が必須になる理由】

① 「主体的・対話的で深い学び」においては、思考力・判断力・表現力の育成が重要課題となり、その中でも特に表現力の評価をルーブリックによってより客観的に行う必要がある。つまり、思考力・判断力・表現力などの高次な資質・能力の評価においては、多くの場合において、数値によって評価結果を示すペーパーテストではなく、数値によらない評価を行うことが必須になる。

② ペーパーテストのような数値による評価の代わりに、「規準（基準）に準拠した評価（criterion-referenced evaluation）」という考え方が必要になってくる。つまり、ペーパーテストで測れない資質・能力については、評価規準や判断基準を用いて評価の妥当性を担保する方法を工夫する必要があることから、ルーブリックが必須の評価ツールとなる。

③ 特に表現力の評価においては、「主体的・対話的で深い学び」を通して生徒が作ったレポート、ワークシート、ポートフォリオ、新聞、物語、絵本などの作品を対象にする場合と、生徒が実演したプレゼンテーション、ディベート、スピーチ、身体表現などのパフォーマンスを対象にする場合がある。どちらも、ペーパーテストでは評価できず、代わりに多面的でレベル差を伴う評価が得意なルーブリック評価が必須となる。

④ 学習評価のアクティブ化を進めるためには、生徒に自己評価や相互評価を行わせたり、また、そのための評価規準作りや判断基準作り、つまりルーブリックの作成に生徒を参画させたりすることが大切である。評価ルーブリックを自作することによって、生徒の自己評価力を高めることができる。

⑤ 教師の自作ルーブリックであれ生徒の自作ルーブリックであれ、評価規準や判断基準をルーブリックによって可視化・共有化することで、教師と子どもたちが協働して「主体的・対話的で深い学び」をつくり、実践していくことができるようになる。つまり、ルーブリックを共有することは、身に付けたい資質・能力や学習目標を教師と子どもたちが明確に

第1章
第2章
第3章
第4章
第5章
第6章
Q&A

意識化することになるため、「主体的・対話的で深い学び」が一層推進されることになる。

このような理由から、「主体的・対話的で深い学び」ではルーブリックを積極的に活用するようにしましょう。

（3）ルーブリックの具体例と作成手順

さらにルーブリックについて理解を深めていただくために、ルーブリックの具体例を示しながらその作成手順を説明しましょう。

教師向けのルーブリックの作成手順は、次のような一連のステップになります。

【ルーブリックの作成手順】

①身に付けたい資質・能力を明確にする。

②身に付けたい資質・能力を三つから四つの評価の観点にして整理する。

③評価の観点を文章化して評価規準を作る。

④一つの評価規準を三つから四つのレベル差を考慮して判断基準を作る。

⑤評価の観点、評価規準、判断基準を整理して一覧表にする。

⑥各レベルの配点を決める。

⑦定期考査や単元テストなどへの算入式を作る。

さらに、ルーブリックは初めから完璧なものを作ることは難しいので、次のようないくつかの工夫を重ねることで、修正・改善をしていくことが大切です。

【ルーブリックの信頼性を高める工夫点】

①判断基準の中に、できる限り達成する項目の達成数の数値を入れる。

②「説得力のある」とか「論理的に」といった抽象的な用語を避ける。

③Ａ基準に達成する項目を三つ入れ、Ｂ基準には二つ、Ｃ基準には一つ入れる。

④表下に、判断するための具体例を入れる。

⑤代表的な生徒作品を評価結果とともに保存しておき、一貫した評価をする。

(4) ルーブリック評価の結果を評定に組み入れる工夫

　さらに一層、「主体的・対話的で深い学び」の実践の充実を図るためには、ルーブリック評価の結果を評定に組み入れることが必要です。つまり、生徒が製作した作品や実演したパフォーマンスをルーブリックで評価し、その結果を評定につなげることで、ルーブリック評価に公的な価値をもたせるのです（詳しくは、第2章を参照）。

　もう少し詳しく解説すると、教師によるルーブリック評価の結果を評定に組み入れるようにすると、生徒の作品やパフォーマンスの評価結果が指導要録や通知票に記載されることになり、一人一人の生徒の学習の成果と課題が公的に認定されることになるわけです。

　そうなると、保護者にとってはルーブリック評価の信頼性や妥当性の向上を学校に求める要望となって表れるでしょうし、生徒にとっては学習成果を上げようとする意欲と集中力につながることが期待されます。教師にとっては、評価力の向上から授業力の向上へと向かう専門的力量形成のプロセスが期待されます。

　すでに解説したように、ルーブリック評価は、判断基準という質的なものさしを使いながらも、その結果を数値で量的に表すことができるという特徴があります。

　そこで、例えば、12点の最高点（3点×4観点）から4点の最低点（1点×4観点）までを三つの階層に等分して、それぞれにA評価（12点〜10点）、B評価（9点〜7点）、C評価（6点〜4点）とすることができます。そして、この結果を「思考・判断・表現」の評価に参入させるのです。

　また別の方法として、中学校ではルーブリックの評価結果の点数を、そのまま定期考査1回分の「思考・判断・表現」の観点の得点の一部として、その教科の定期テストの最高点を、100点からルーブリックの評価結果を引いた点数とすることもできます。具体的には、社会科で課した子どもの

調査レポートのルーブリック評価の配点を10点としたとき、定期テストの最高点を90点とするのです。もちろん、表面上は100点としておいて、後で一定の数式を用いて変換して評価に生かすこともできます。

　各学校での多様な工夫を期待しています。

コラム

タブレットを活用したオンラインでの学習評価の在り方

||||||||||||||||||||||||||||||||||||||||||||||||||||||||||||||||||||||||||||||||||||||

　2022年度から、1人1台端末の活用が定着し、「調べる・まとめる・伝える」といった基本的な活用方法から発展して、各教科・領域の特質に応じた資質・能力の育成をねらいとした活用方法が生まれています（拙著『教科別でわかる！タブレット活用授業』学陽書房、2022年参照）。近年はますます、オンラインの特長を生かした学習評価の実践が進んでいることに注目したいと思います。

　一つ目に、ルーブリックのファイルを Google フォームや Microsoft Forms で作成してタブレットの画面から入力できるようにし、学期毎に集計したり年間の推移を折れ線グラフで可視化できるようにしたりしたプログラムを活用している学校があります。

　また、二つ目として、子どもの自己評価のためのアンケートや質問紙を同じようにオンラインで使えるファイルにして、その結果をレーダーチャートなどにし、子どもの資質・能力の育ちの変容を自己評価できるようにしている学校もあります。

　そして三つ目に、エクセルのシートに自由記述欄といくつかの質問項目を並べて回答してもらい、単元のまとめにして身に付いた資質・能力の振り返りをオンラインでしている学校もあります。

　さらに、これからはＡＩドリルの高度化によって、個別最適な学習評価も可能になります。

　どのような取組にしても、大切なことは、各学校のクラウド上に「評価履歴」を蓄積して行くことで、子どもたちも教師も継続的で長期的な学習評価をエビデンスに基づいて実施することができるようになることです。各学校での工夫を期待しています。

第2章

観点別学習状況の評価と評定の方法

前章に引き続き、学習評価に関する基礎的な知識を整理して理解するために、本章では、単元末や年度末に行う観点別学習状況の評価の在り方と、それをもとにした生徒指導要録での評定のための総括の在り方について解説します。

1　観点別学習状況の評価とは

　中学校生徒指導要録に教師が評価結果を記載して実施する学習評価の在り方は、「観点別学習状況の評価」と呼ばれています。

　観点別学習状況の評価とは、教師が生徒の学習状況を評価する三つの観点ごとに、A・B・Cという評価語を用いてレベル分けして、指導要録の記載欄に記入して評価することです。Aは「十分満足できる」、Bは「おおむね満足できる」、Cは「努力を要する」ことを意味しています。

　実際の指導要録の参考様式では、観点別学習状況の評価は、道徳科を除く教科別に行うことになっていますので、中学校においては、各教科担任が一人一人の生徒の指導要録の記載欄に評価結果をA・B・Cという3段階で評価して記入することになります。道徳科は、指導要録では評価の観点や評価規準によらずに、生徒が道徳性を授業中に発揮している様子のよさや成長の様子に焦点を当てて個人内評価として文章で表記することとなっています（『「特別の教科　道徳」の指導方法・評価等について（報告）』平成28年7月22日参照）。

　なお観点別学習状況の評価は、各単元の終末に実施する場合もあります。　もう少しこの用語を細分化して、具体的に見てみましょう。

　「観点別」という意味は、学習評価における「評価の観点」ごとに評価を行うという意味で、新学習指導要領のもとでは、「知識・技能」「思考・判断・表現」「主体的に学習に取り組む態度」という三つになっています（「児童生徒の学習評価の在り方について（報告）」中央教育審議会教育課

程部会、平成31年1月）。これは、学習評価の対象である資質・能力の達成状況を複数の観点から多面的・多角的に捉えることがねらいです。

　また、学習状況とは、一人一人の生徒が、それぞれの評価の観点に対応した資質・能力をどれほどの達成状況で身に付けられたのかを示すもので、具体的にはA（十分満足できる）・B（おおむね満足できる）・C（努力を要する）という三つの段階（達成状況のレベル差）を表す評価語を用いて、「Aと判断できる状況」「Bと判断できる状況」を具体的に文章で表記して学習指導案に記載します。なお、Cについては、Cに対応する学習状況を示すのではなく、Bと判断できない状況にあるとして、その該当生徒に対する個別指導の在り方（Cと判断できる状況への手立て）を学習指導案に記載することが多くあります。また、Aと判断できる状況の文章表記は、B段階より高いという意味で合意できれば省略されることもあります。

　なお、学習指導案での評価の記載は、あくまでも授業中やその前後の時間における個別指導を前提とした評価計画を記載するものであって、指導要録の記載に直截的につながるものではないため、指導要録の記載にあたっては、「Bと判断できる状況」をかなり具体的に文章化するか、あるいは、「Cと判断できる状況」をしっかりと文章化しておくことが大切になります。

　その意味で、本書では、A・B・Cというレベル別の学習状況を、全て明確に判断基準として文章化して、ルーブリックの形式で明示することを推奨しています。

　具体的な学習状況の評価の在り方については、4節で解説していますので、そちらをご覧ください。

2 新しい指導要録の参考様式

　では次に、「児童生徒の学習評価の在り方について（報告）」とともに公表された、新しい指導要録の参考様式について簡潔に解説することにしましょう。ここでは、様式2（指導に関する記録）についてのみ解説します。

　小学校の新しい指導要録では、次の点が新しくなっています。

> ・「特別の教科　道徳」の学習状況及び道徳性に係る成長の様子の欄が新設された
> ・外国語活動の記録の欄の対象学年が3学年と4学年になった
> ・教科外国語の観点別学習状況の評価と評定の欄が新設されて対象学年が5学年と6学年になった

　また、「特別の教科　道徳」の文章記述には、評価観点が設定されていませんが、外国語活動の文章記述では、「知識・技能」「思考・判断・表現」「主体的に学習に取り組む態度」という三つの評価観点が設定されていることが特徴になっています。

　中学校の新しい指導要録では、次の点が新しくなっています。

> ・「特別の教科　道徳」の学習状況及び道徳性に係る成長の様子の欄が新設された

　ちなみに高等学校の新しい指導要録では、次の点が新しくなっています。

> ・総合的な学習の時間の名称が、総合的な探究の時間になった
> ・各教科・科目等の学習の記録の欄では、観点別学習状況という欄が新設された

　高等学校においては、新しく観点別学習状況の評価が導入されていることが大きな特徴です。この点については、高等学校の教員にとって全く新しい評価方法が導入されることになったわけですから、新たな研修を通して観点別学習状況の評価の方法を身に付ける必要が出てきています。

　加えて、高等学校においては、これまでの総合的な学習の時間の名称を、そこでの学びの性質をより探究的な学びに近づけるために、「総合的な探究の時間」に変えたことが新しい改訂のポイントになっています。私見では探究的な学習の特徴は、通常の課題解決的な学習と比較して、①課題の設定が生徒の主体性に任される、②R-PDCA サイクルをしっかりと回す、③資料やデータの収集を生徒が主体的に行う、④一単元にあてる時間数が多い、⑤生徒による自己評価や相互評価の場面を増やして自律的な学びを促進する、⑥検証、まとめ、発表、議論に多くの時間をかける、⑦研究成果の価値付けや意義付けをしっかりとする、といった特徴が一層明確になることが求められます。こうした探究的な学習の特徴をしっかりと実施して、ここに挙げた学習のポイントを評価の観点として指導要録の評価文を書くことが求められています（拙著『高等学校　探究授業の創り方』学事出版、2021年参照）。

　以上の改正点は、新学習指導要領の改訂のポイントを正確に反映しているものです。

　ただし、特に小学校においては、指導要録における評価の対象が数多く追加されたため、指導要録の記入に要する時間がこれまでよりも多くかかることが懸念されます。中学校においても「特別の教科　道徳」の評価欄が設定されたため、業務負担が増えることは間違いありません。

3　「評価の観点及びその趣旨」を読み解く

　さらに各教科・領域での学習評価における評価の観点とその趣旨につい

て、文部科学省からどのような例示がなされたのかを見てみましょう。

　先述の「通知」（本書、p.14）とともに公示された別紙４「各教科等・各学年等の評価の観点等及びその趣旨」に小学校及び中学校の例示が、そして別紙５に高等学校の例示がなされています。なお、これらの資料では、まだそれぞれの評価の観点に沿った評価規準は示されていません。ここで「趣旨」というのは、評価の観点が意味することを教科の特質に応じて具体的に書き表したもので、評価規準の作り方の原型になるものです。

　すでに前章で解説したように、中央教育審議会教育課程部会が出した「報告」では、目標として育成を図る資質・能力の第３の柱「学びに向かう力・人間性」は、評価の観点としては「主体的に学習に取り組む態度」という呼称になっています。その理由は、前者が育成を図る資質・能力を目標として明示したものであるのに対して、後者はその中で特に授業中や指導要録での評価・評定が可能な資質・能力のみを明示したものだからです。前者が、評価が難しくても育成を図るより多くの資質・能力を含んでいるのに対して、後者は評価が可能であるものに限定しているのです。

　例えば、道徳科で育成を図る資質・能力である道徳性として、学習指導要領では、「道徳的な判断力、心情、実践意欲と態度」を挙げていますが、指導要録では、こうした観点を明示した上での学習状況の評価を行わないとしています（『「特別の教科 道徳」の指導方法・評価等について（報告）』参照）。なぜなら、人間の内面にある道徳性の評価は、技術的に困難であるだけでなく、公教育が具体的・客観的に評価しようとすることは、日本国憲法第19条で規定されている良心の自由に反することになるからです。

　では、一例として国語科の評価の観点とその趣旨を見てみましょう。

　これは、学年や単元にかかわらず、国語科教育全般にわたる教科の基本的な特質を踏まえた評価の観点とその趣旨になっています。また、ここで示されている評価の観点及びその趣旨は、新学習指導要領の趣旨を生かした学習評価がいわゆる「目標に準拠した評価」である以上、当然のこととして、学習指導要領の目標の記述とほぼ同じ表現になっています。では、新学習指導要領の国語科の目標と並べて見てみましょう（上が小学校、下が中学校です）。

第1章

第2章

第3章

第4章

第5章

第6章

Q&A

国　語

（1）評価の観点及びその趣旨

＜小学校　国語＞

観点	知識・技能	思考・判断・表現	主体的に学習に取り組む態度
趣旨	日常生活に必要な国語について，その特質を理解し適切に使っている。	「話すこと・聞くこと」，「書くこと」，「読むこと」の各領域において，日常生活における人との関わりの中で伝え合う力を高め，自分の思いや考えを広げている。	言葉を通じて積極的に人と関わったり，思いや考えを広げたりしながら，言葉がもつよさを認識しようとしているとともに，言語感覚を養い，言葉をよりよく使おうとしている。

＜中学校　国語＞

観点	知識・技能	思考・判断・表現	主体的に学習に取り組む態度
趣旨	社会生活に必要な国語について，その特質を理解し適切に使っている。	「話すこと・聞くこと」，「書くこと」，「読むこと」の各領域において，社会生活における人との関わりの中で伝え合う力を高め，自分の思いや考えを広げたり深めたりしている。	言葉を通じて積極的に人と関わったり，思いや考えを深めたりしながら，言葉がもつ価値を認識しようとしているとともに，言語感覚を豊かにし，言葉を適切に使おうとしている。

第1　目　標

　　言葉による見方・考え方を働かせ，言語活動を通して，国語で正確に理解し適切に表現する資質・能力を次のとおり育成することを目指す。

　（1）日常生活に必要な国語について，その特質を理解し適切に使うことができるようにする。

　（2）日常生活における人との関わりの中で伝え合う力を高め，思考力や想像力を養う。

　（3）言葉がもつよさを認識するとともに，言語感覚を養い，国語の大切さを自覚し，国語を尊重してその能力の向上を図る態度を養う。

第1　目　標

　　言葉による見方・考え方を働かせ，言語活動を通して，国語で正確に理解し適切に表現する資質・能力を次のとおり育成することを目指す。

　（1）社会生活に必要な国語について，その特質を理解し適切に使うことができるようにする。

　（2）社会生活における人との関わりの中で伝え合う力を高め，思考力や想像力を養う。

　（3）言葉がもつ価値を認識するとともに，言語感覚を豊かにし，我が国の言語文化に関わり，国語を尊重してその能力の向上を図る態度を養う。

唯一、学習指導要領の目標の記述と評価の観点の趣旨とを比べて異なる点は、前者が「学習指導要領」の記述であるために教師が主語になっていることであり、その一方で、後者では「子どもが身に付けた資質・能力を評価する」ことから子どもが主語になっていること、そして身に付けた状況を示す文末表現になっていることです。

　さらに、小学校と中学校のそれぞれの国語科全般にわたる評価の観点の趣旨を記述したものですから、抽象度が高く、これだけで国語科の評価の在り方を単元毎に具体的に生み出せるものではありませんが、新学習指導要領の国語科の評価の趣旨を短く明示したものと受け止めることができます。また別紙4には、各教科の「評価の観点及びその趣旨」の後に、「学年別（分野別）の評価の観点の趣旨」も明示されていますから、各学校で評価規準を作成するときの参考にしてください。

　次に算数・数学科を見てみましょう。また別紙4から該当部分を抜粋してみます。

　筆者の私見では、算数・数学科の評価の観点の趣旨が最も先進的であり、今回出された学習評価の「報告」の趣旨と最も適合しているものと高く評価しています。なぜなら、ここでの「主体的に学習に取り組む態度」の「趣旨」が中央教育審議会の学習評価の在り方の「報告」における学習改善というキーワードの教育的意義を生かしたものになっているからです。

算数・数学

（1）評価の観点及びその趣旨

<小学校　算数>

観点	知識・技能	思考・判断・表現	主体的に学習に取り組む態度
趣旨	・数量や図形などについての基礎的・基本的な概念や性質などを理解している。 ・日常の事象を数理的に処理する技能を身に付けている。	日常の事象を数理的に捉え、見通しをもち筋道を立てて考察する力、基礎的・基本的な数量や図形の性質などを見いだし統合的・発展的に考察する力、数学的な表現を用いて事象を簡潔・明瞭・的確に表したり目的に応じて柔軟に表したりする力を身に付けている。	数学的活動の楽しさや数学のよさに気付き粘り強く考えたり、学習を振り返ってよりよく問題解決しようとしたり、算数で学んだことを生活や学習に活用しようとしたりしている。

<中学校　数学>

観点	知識・技能	思考・判断・表現	主体的に学習に取り組む態度
趣旨	・数量や図形などについての基礎的な概念や原理・法則などを理解している。 ・事象を数学化したり，数学的に解釈したり，数学的に表現・処理したりする技能を身に付けている。	数学を活用して事象を論理的に考察する力，数量や図形などの性質を見いだし統合的・発展的に考察する力，数学的な表現を用いて事象を簡潔・明瞭・的確に表現する力を身に付けている。	数学的活動の楽しさや数学のよさを実感して粘り強く考え，数学を生活や学習に生かそうとしたり，問題解決の過程を振り返って評価・改善しようとしたりしている。

　具体的に見てみると、「主体的に学習に取り組む態度」の部分は次のようになっています。

【小学校算数科の「主体的に学習に取り組む態度」の趣旨】

　数学的活動の楽しさや数学のよさに気付き粘り強く考えたり、学習を振り返ってよりよく問題解決しようとしたり、算数で学んだことを生活や学習に活用しようとしたりしている。

【中学校数学科の「主体的に学習に取り組む態度」の趣旨】

　数学的活動の楽しさや数学のよさを実感して粘り強く考え、数学を生活や学習に生かそうとしたり、問題解決の過程を振り返って評価・改善しようとしたりしている。

　これからの学習評価の在り方を示した「報告」では、新しいキーワードとして学習改善が提唱されているわけですから、ここで算数科・数学科の「主体的に学習に取り組む態度」の評価の観点の趣旨において、児童生徒自らが主体的に、「学習を振り返ってよりよく問題解決しようとしている」こと、または「問題解決の過程を振り返って評価・改善しようとしている」ことを示したことは、意義深いことです。

　では生徒の学習場面で、こうした「問題解決の過程を振り返って評価・改善する」というのは、どのような状況を示すのでしょうか。

　まずに大切にしたいことは、授業においては式と答えだけを出させるのではなく、中学校では生徒に主体的な証明や論証を行わせることです。つ

まり、文章と式や図を組み合わせて説明するという、問題解決の過程を大切にした授業づくりを心がけてほしいのです。次に、そうした問題解決や証明の過程をノートやワークシートに書かせたら、それを生徒たちに自己評価・相互評価させて修正点や改善点を探させることです。最後に、それらの修正点や改善点を元にして、自分自身の問題解決の過程を書き直したり、赤字で修正案を書き入れたりする活動の時間を保証することです。修正したり改善したりしたことを、授業中に発表させて共有させることも効果的です。可能であれば、学年末にそれまでの1年間の評価・改善ポイントを振り返って整理し、1枚のレポートや数学新聞としてまとめておくと、自分の間違いやすいポイントや知識・技能の定着が不十分であったところが自覚できるので、数学科の授業時間だけでなく、特別活動の内容領域(3)を活用して、「学校における学習を振り返り記録し、蓄積する」ようにするとよいでしょう。そのことが、生徒によるよりよいキャリア・パスポートの作成につながるのです。

　最後に挙げた第3のポイント「問題解決過程の書き直しや赤字入れ」については、正規の授業時間中に何度も設定できるものではありませんから、各学期に一つ、重点単元を設定して、その中でしっかりと行わせるようにするとよいでしょう。学期内に1回でも、3学期制であれば中学校3年間で9回になります。大切なことは、「問題解決の過程を評価・改善する」ことの意義を生徒たちに意識化させることと、そうした学習改善力や学習修正力といった新しい資質・能力を育てていくことなのです。

　ぜひ、そのための「お直しタイム」や「修正タイム」といったキーワードをラミネート化して板書に貼るなどして、授業で具体化していただくことを願っています。

　そして、この数学科における問題解決の過程の評価・改善を行う資質・能力の学習評価を次のように実施してみるとよいでしょう。

　第一に、指導要録や通知票の記入に関わっては、生徒たちが赤字などで修正・改善したノートやワークシートを回収して、それをルーブリックで採点し、学期末や年度末に集計して、指導要録の観点別学習状況の評価に算入することです。もちろん、該当する評価の観点は、「主体的に学習に

取り組む態度」です。そのために参考になるルーブリックは第4章で掲載しておきますので、活用してみてください。

　第二に、授業中に教師が行う学習評価としては、机間指導を行うときに生徒が赤字で式や答え、考え方の文章などを修正したノートやワークシートに赤い花丸を書き入れたり、ほめ言葉を赤字で添えたりするとよいでしょう。一方、生徒のペアトークやグループ対話の時間にも、解き方や考え方の自己評価や相互評価を行わせるようにしましょう。

　このように、数学科では、「問題解決の過程の評価・改善」がこれからの学習評価において重要になっていることが分かりますが、当然のこととして、新学習指導要領における数学科の目標の(3)に明示されているからであることを理解することが大切です。

　最後に、理科を見てみましょう。理科では、中学校において「科学的な探究」という用語が入ってきたことが大きな特徴になっています。また別紙4から該当部分を抜粋してみます。

理　科
（1）評価の観点及びその趣旨

＜小学校　理科＞

観点	知識・技能	思考・判断・表現	主体的に学習に取り組む態度
趣旨	自然の事物・現象についての性質や規則性などについて理解しているとともに、器具や機器などを目的に応じて工夫して扱いながら観察、実験などを行い、それらの過程や得られた結果を適切に記録している。	自然の事物・現象から問題を見いだし、見通しをもって観察、実験などを行い、得られた結果を基に考察し、それらを表現するなどして問題解決している。	自然の事物・現象に進んで関わり、粘り強く、他者と関わりながら問題解決しようとしているとともに、学んだことを学習や生活に生かそうとしている。

＜中学校　理科＞

観点	知識・技能	思考・判断・表現	主体的に学習に取り組む態度
趣旨	自然の事物・現象についての基本的な概念や原理・法則などを理解しているとともに、科学的に探究するために必要な観察、実験などに関する基本操作や記録などの基本的な技能を身に付けている。	自然の事物・現象から問題を見いだし、見通しをもって観察、実験などを行い、得られた結果を分析して解釈し、表現するなど、科学的に探究している。	自然の事物・現象に進んで関わり、見通しをもったり振り返ったりするなど、科学的に探究しようとしている。

【中学校理科の「主体的に学習に取り組む態度」の観点の趣旨】

　自然の事物・現象に進んで関わり、見通しをもったり振り返ったりするなど、科学的に探究しようとしている。

　新しい中学校学習指導要領においては、「探究」という用語は、主に「総合的な学習の時間」における課題や学習の仕方を表すものとして使われています。また改訂前の学習指導要領においては、高等学校の理科に「探究的な活動」という用語が使われていたことが伏線になっています。つまり、理科においては、今回の改訂で中高で一貫して、「探究」を行うようにしているのです。

　学習指導要領の用語がどうであれ、これまで理科教育に携わってきた研究者や教員は「探究」という用語を多用してきたことから、そうした要望が少しずつ学習指導要領に反映されたとみることができます。そして新学習指導要領において、中学校理科の目標や評価の観点の趣旨に「科学的に探究する」という用語が入り、「科学的」という条件を付けることで、総合的な学習の時間と区別しようとしています。ただし、総合的な学習の時間の「探究的な学習」が科学的でなくてよいわけはありませんから、あくまでも「科学的」という意味は、理科で活用する地学や物理学、生物学、化学などの研究の方法論を指しているとみることができます。

　参考までに、中央教育審議会の最終答申では、高等学校の補足資料の中に、「探究の過程」という理科における探究的な学習を取り入れた単元モデルを提案していますので、それを参照すると、中学校理科での「科学的に探究する」という表現の意味が分かりやすくなるでしょう（図2－1参照）。

　この単元モデルでは、探究的な学習を行う単元の学習過程を、①課題の把握（発見）、②課題の探究（追究）、③課題の解決、という3段階で構成するとともに、それらの下位項目として、①自然事象に対する気付き、②課題の設定、③仮説の設定、④見通し、⑤検証計画の立案、⑥観察・実験の実施、⑦結果の処理、⑧考察・推論、⑨振り返り、⑩表現・伝達、という10個の活動ステップを提案しています。なお、この中で「見通し」と「振

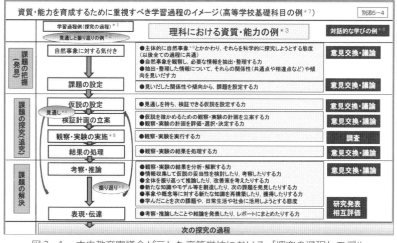

| 資質・能力を育成するために重視すべき学習過程のイメージ(高等学校基礎科目の例* 7) | | 別添5-4 |

図2-1　中央教育審議会が示した高等学校における「探究の過程」モデル

り返り」の活動は複数のステップに関わる活動として定めています。

　なお、別紙4には、上記以外にも、各教科・領域における学年別の評価の観点の趣旨が明示されていますので参考にしてください。

　したがってこれから各学校において大切になることは、こうした文部科学省が例示した評価の観点及びその趣旨を生かして、例えば学習指導案を作成するときにそれぞれの単元の内容を踏まえた具体的な評価規準を作成することです。ただし、各学校が評価規準を作成するときには、別紙4をもとにしながら、『指導と評価の一体化のための学習評価に関する参考資料』(国立教育政策研究所教育課程センター発行)の各教科・領域編を参考にして評価規準を作成するとよいでしょう。

4　評価規準の設定の仕方

　では次に、学習評価において大切な評価規準について解説しましょう。ここでは、先述の国立教育政策研究所教育課程研究センターが発行した『指導と評価の一体化のための学習評価に関する参考資料』の中学校国語編から大切なポイントや図表を引用して解説します。なお、他の教科・領域については、それぞれの参考資料が PDF でダウンロード可能になっていますので、適宜参照してください。

　まず、その教科・領域の「内容のまとまりごとの評価規準」を、学習指導要領の教科・領域ごとに示された目標を参考にして、内容のまとまりごとに設定します。中学校国語科においては、「内容のまとまり」は「知識及び技能」と「思考力・判断力・表現力」という二つに分けられていて、さらに次のような項目で設定されていますので、それに従います。

〔知識及び技能〕
(1) 言葉の特徴や使い方に関する事項
(2) 情報の扱い方に関する事項
(3) 我が国の言語文化に関する事項
〔思考力・判断力・表現力等〕
A　話すこと・聞くこと
B　書くこと
C　読むこと

　さらに、3 節で解説した「評価の観点及びその趣旨」の教科・領域別の記載事項を参考にするとともに、中学校学習指導要領で定められた目標の文章を基にして評価規準を設定していきます。その際に注意すべきことは、目標は教師が達成するものであることから、文末は「できるようにする」あるいは、「養う」といった表現になっているのに対して、評価規準

は生徒が資質・能力を身に付けている学習状況を示すものであることから、文末を「している（知識・技能、思考・判断・表現）」、または「しようとしている（主体的に学習に取り組む態度）」という表現に書き換える必要があることです。

この点について、「参考資料（中学校国語科編）」p.31では、図2-2のようにポイントを示していますので参考にしてください。

次に、単元の評価規準は、三つの評価の観点（知識・技能、思考・判断・表現、主体的に学習に取り組む態度）に分けて、「内容のまとまりごとの評価規準」を参考にして、単元の具体的な内容を加味して設定します。

なお、実際に学習指導案の中に評価規準を書いたり、生徒指導要録における評定に用いる評価を行うために必要となる単元の評価規準を設定したりする際、各学校で全教科・全単元の評価規準を設定することは負担が大きすぎるため、各学校で使用している教科書の指導書に単元毎に記載され

　一年間を通して，当該学年に示された指導事項を身に付けることができるよう指導することを基本とする。

○「知識・技能」のポイント
・基本的に，当該単元で育成を目指す資質・能力に該当する〔知識及び技能〕の指導事項について，その文末を「～している。」として，「知識・技能」の評価規準を作成する。なお，育成したい資質・能力に照らして，指導事項の一部を用いて評価規準を作成することもある。

○「思考・判断・表現」のポイント
・基本的に，当該単元で育成を目指す資質・能力に該当する〔思考力，判断力，表現力等〕の指導事項について，その文末を「～している。」として，「思考・判断・表現」の評価規準を作成する。なお，育成したい資質・能力に照らして，指導事項の一部を用いて評価規準を作成することもある。
・評価規準の冒頭には，当該単元で指導する一領域を「（領域名を入れる）において，」と明記する。

○「主体的に学習に取り組む態度」のポイント
・第1編で説明されているように，①知識及び技能を獲得したり，思考力，判断力，表現力等を身に付けたりすることに向けた粘り強い取組を行おうとする側面と，②①の粘り強い取組を行う中で，自らの学習を調整しようとする側面の双方を適切に評価できる評価規準を作成する。文末は「～しようとしている。」とする。「学年別の評価の観点の趣旨」においては，主として，①に関しては「言葉を通じて積極的に人と関わったり」，②に関しては「思いや考えを確かなものにしたりしながら（思いや考えを広げたり深めたりしながら）」が対応する。①，②を踏まえ，当該単元で育成する資質・能力と言語活動に応じて文言を作成する。

図2-2　「内容のまとまりごとの評価規準」を作成する際の【観点ごとのポイント】

ている評価規準を参考にすることも多いでしょう。

　単元の評価規準の作成の流れについて、「参考資料（中学校国語編）」p.38にステップ図が示されていますので引用します（図2-3）。

Step 1 単元で取り上げる 指導事項の確認	・年間指導計画等を基に，単元で取り上げる指導事項を確認する。
↓	
Step 2 単元の目標と 言語活動の設定	・Step 1で確認した指導事項を基に，以下の3点について単元の目標を設定する。 　(1)「知識及び技能」の目標 　(2)「思考力，判断力，表現力等」の目標 　　→(1), (2)については，基本的に指導事項の文末を「〜できる。」として示す。 　(3)「学びに向かう力，人間性等」の目標 　　→(3)については，いずれの単元においても当該学年の学年の目標である「言葉がもつ価値〜思いや考えを伝え合おうとする。」までを示す。 ・単元の目標を実現するために適した言語活動を，言語活動例を参考にして位置付ける。
↓	
Step 3 単元の評価規準 の設定	・以下を参考に，単元の評価規準を作成する。 　「知識・技能」の評価規準の設定の仕方 　　当該単元で育成を目指す資質・能力に該当する〔知識及び技能〕の指導事項の文末を「〜している。」として作成する。育成したい資質・能力に照らして，指導事項の一部を用いて作成することもある。 　「思考・判断・表現」の評価規準の設定の仕方 　　当該単元で育成を目指す資質・能力に該当する〔思考力，判断力，表現力等〕の指導事項の冒頭に，指導する一領域を「(領域名)において，」と明記し，文末を「〜している。」として作成する。育成したい資質・能力に照らして，指導事項の一部を用いて作成することもある。 　「主体的に学習に取り組む態度」の評価規準の設定の仕方 　　以下の①から④の内容を全て含め，単元の目標や学習内容等に応じて，その組合せを工夫することが考えられる。文末は「〜しようとしている。」とする。なお，〈　〉内の言葉は，当該内容の学習状況を例示したものであり，これ以外も想定される。 　　①粘り強さ〈積極的に，進んで，粘り強く等〉 　　②自らの学習の調整〈学習の見通しをもって，学習課題に沿って，今までの学習を生かして等〉 　　③他の2観点において重点とする内容（特に，粘り強さを発揮してほしい内容） 　　④当該単元の具体的な言語活動（自らの学習の調整が必要となる具体的な言語活動）
↓	
Step 4 単元の指導と評価 の計画の決定	・各時間の具体的な学習活動を構想し，単元のどの段階でどの評価規準に基づいて評価するかを決定する。
↓	
Step 5 評価の実際と手立 ての想定	・それぞれの評価規準について，実際の学習活動を踏まえて，「Bと判断する状況」の例，「Cと判断する状況への手立て」の例を想定する。

図2-3　単元の評価規準の作成の流れ

5 評価語（A・B・C）を用いた学習状況の評価の在り方

　以上のようにして単元の評価規準が設定されたなら、次に生徒の資質・能力に関わる学習状況を実際に評価資料（生徒の授業中の反応、レポート、ノート、ワークシート、生徒作品など）によって評価することになります。

　その際に最も大切なことは、観点別学習状況の評価においては、A（十分満足できる）・B（おおむね満足できる）・C（努力を要する）という3段階の評価語を用いて生徒の資質・能力の実現状況を評価することです。

　なぜなら、一人一人の生徒の資質・能力の学習状況は、「できる・できない」という2分法で実現するものではなく、優れた状況から不十分な状況まで何段階かのグラデーションで実現するものだからです。ただし、日常的な教員の評価活動において、毎回多くの段階で厳密に評価することは現実的でないため、文部科学省ではこれまでの小・中学校の経験を活かして、3段階で評価することにしたように思われます。

　ただし、例えば要素的な細かい知識については、「知っている・知らない」という2分法によりテストで評価することもできますし、運動技能については、「跳び箱を飛べる・飛べない」という2分法により観察法で評価することもできます。しかし、こうした場合についても、「単元の評価規準」を考えたときに、評価対象となる知識の項目は複数ありますし、跳び箱に関しても、複数の下位技能に細分化して評価したり、跳び箱の段数をレベル別に設定したりすることになりますので、資質・能力の学習状況の評価については、3段階の評価語を用いて評価する方が現実的で正しい方法なのです。

　では、ここでも中学校国語科を例として見てみましょう。引用する事例は、『「指導と評価の一体化」のための学習評価に関する参考資料（中学校国語編）』から、事例1です（pp.42-49）。単元名は、「新たに知った言葉を紹介する～聞き手を意識して話す～」です。学年は、第1学年で、内容のまとまりは、A話すこと・聞くことです。

この事例においては、単元の観点別学習状況の評価を行う際に用いる3段階の姿を次のように設定していますので、引用します（pp.45-48）。

【知識・技能】
「おおむね満足できる」状況（B）
・スピーチを聞いて新たに知った言葉を『語彙手帳』に書き留め、その言葉を適切な用例とともに記入している
「努力を要する」状況（C）
・「敢行」の用例を「念のため敢行した。」、「潮時」の用例を「潮時だから仕方ない。」のように記入するなど、用例として適切ではない
「努力を要する」状況（C）への対応
・言葉の意味を辞書等で確認させ、どのように用いるとよいのかを具体的な場面を想定して記入できるように指導

【思考・判断・表現】
「おおむね満足できる」状況（B）
・紹介する言葉を決め、目的や場面、相手などを考えて、その言葉に関するエピソードなどの話す材料を整理しながらスピーチの内容を検討している
・実際のスピーチにおいて、相手の反応を踏まえて問いかけたり、発言を繰り返したり、説明の仕方を変えたりしている
「努力を要する」状況（C）
・紹介したい言葉を羅列しているだけの場合
・故事成語を紹介するためにホワイトボードに絵を書いて説明したが、終始絵を見ながら話してしまい相手の反応を確認できない場合
「努力を要する」状況（C）への対応
・その言葉とどのようにして出合ったか、なぜその言葉を紹介したいと思ったのか紹介したい言葉の意味や成り立ちなどをノートに書き出させ、スピーチで伝えたいことについて考えさせる
・タブレット端末等で録画して自分のスピーチを確かめるように指導し、次回のスピーチや発表時に注意する点を確認

【主体的に学習に取り組む態度】
「おおむね満足できる」状況（B）
・練習を通して相手に伝わるような表現の工夫を考え、発表会に間に合うように選んだ言葉を紹介しようとしている
※スピーチ練習を繰り返して表現の工夫を考えたり修正を加えたりしている姿から主として粘り強さを、その中で、表現の修正を行いながら発表会に間に合うようにスピーチを整えようとしている姿から主として自らの学習の調整を確認

　この事例では、各段階（A・B・C）の達成状況を表す生徒の学びの様子を「姿」という独特な用語を用いて示していますので参考にしてください。

　この授業例では、こうした段階別（レベル別）の学習状況の文章記述について、次のような三つの特徴があります。

　一つ目は、A段階の学習状況については具体的な文章記述をしていないことです。なお、それを補う手立てとして、次ページに引用した【評価メモ】と呼ぶ評価の補助簿のような様式を新たに作成し、その中で「Aと判断するポイントの例」をキーワード形式で明示していますので参考にしたいところです。これらのキーワードが示す状況がいくつか生徒の記述や発話に見られたらA段階と判断するというのです。

　二つ目は、「努力を要する」状況（C）への対応をしっかりと明文化して、個を大切にしたきめ細かな指導を行っていることです。実際の授業では、毎時間こうした丁寧な個別指導を行えるかどうかは分かりませんが、各単元で資質・能力の習得に課題が予想される授業においては、このように具体的な手立てを明文化して、意識して授業に臨むことが大切です。

　三つ目は、「主体的に学習に取り組む態度」については、「努力を要する」状況（C）や「努力を要する」状況（C）への対応について、生徒の姿や手立てを明文化していないことです。これは、残念ながら、この観点での学習評価の在り方の研究がまだ深まっていないことを示しています。

　なお、この【評価メモ】でさらに参考にしたいところは、欄の下の方にそれぞれの生徒の観点別学習状況の評価の結果を、A・B・Cを用いて段階別に記載していることです。さらに、［思考・判断・表現］の欄には、具体的な学習状況が複数あるため、二つを総括して最終的な「単元における評価」の結果を、A・B・Cで記載していることも参考にできるでしょう。これが、単元の観点別学習状況の評価と呼ばれることです。

　さらに、こうした単元ごとの評価の総括をもとにして、学期末の総括をしたり、指導要録での年度末の観点別学習状況の評価の結果をA・B・Cで記載したりすることになりますから、総括が重層的に積み上がっていく仕組みになっています。

【評価メモ】

観点	[知識・技能] ①スピーチを聞いて新たに知った言葉を「語彙手帳」に書き留め、その言葉を適切な用例とともに記入しているか	単元における評価	[思考・判断・表現] ①紹介する言葉を決め、目的や場面、相手などを考えて、その言葉に関するエピソードなどの話す材料を整理しながらスピーチの内容を検討しているか	②実際のスピーチにおいて、相手の反応を踏まえて問いかけたり、発言を繰り返したり、説明の仕方を変えたりしているか	単元における評価	[主体的に学習に取り組む態度] ①練習を通して相手に伝わるような表現の工夫を考え、発表会に間に合うように選んだ言葉を紹介しようとしているか	単元における評価
Bと判断する状況の例							
評価の材料	・語彙手帳		・ノート	・発表 ・ノート		・観察 ・ノート	
Aと判断するポイントの例	・速やかさ ・丁寧さ		・集団への寄与	・興味の広がり		・応用・活用の意識　など	
生徒X	B	B	A	A	A	A	A
生徒Y	A	A	A	A	B	B	B

　ただし、学校での実際の学習評価とその総括にあたっては、全単元でこうした評価メモのような取組を明文化して実施すると負担が大きくなるため、あくまでも各学期に一つか二つの重点単元を決めて実施することが現実的です。総括の具体的な考え方や方法については、次の節で解説します。

　さてここで、補足的な解説をすることが必要ですので、説明を加えておきましょう。

　それは、観点別学習状況の評価において、三つの評価の観点における三つの評価結果に大きなばらつきがある場合の対応の仕方に、多くの学校で誤解があることについてです。

　例えば、評価結果が、評価の観点である「知識・技能」「思考・判断・表現」「主体的に学習に取り組む態度」の順に、「CCA」や「AAC」という場合のように、「主体的に学習に取り組む態度」だけが、他の二つの観点と比較して2段階のひらきやばらつきがある場合の対応の仕方を、正しく捉えることが大切です。

　こうした場合への学校の対応の在り方としては、①学習評価の在り方に問題があったため、「主体的に学習に取り組む態度」に関わる学習状況の示し方を見直して、ひらきやばらつきが1段階になるように調整する、②学習評価の在り方には特に問題はないため、次の単元での指導改善や授業改善を積極的に実施して、当該生徒の学習状況が改善されるように指導の

充実を図る、③これら二つの対応を組み合わせて実施する、という三つの方法が考えられます。

この数年間で筆者が多くの中学校を訪問して、先生方からこの点について質問を受けたときに、必ずと言ってよいほど報告を受けるのは、大学の研究者や教育委員会から、上記の①に類した対応を取ることが不可欠であるとの指導があったというのです。その理由として、「CCAやAACといった評価結果はあり得ないから」ということだそうです。

筆者は、こうした思い込みと先入観による指導は誤ったものであると考えています。

確かに、そうした評価結果にひらきやばらつきがある生徒は、評価方法にもよりますが、経験的に数％程度しかいないことも事実です。特に、「CCA」というタイプの生徒は、成果が出ていない努力家と言えるのですから、評価方法を変えてまでB段階に落とすということは教育的ではありません。また、学業成績が優秀な生徒の中には、塾での学びを優先したり学習動機のばらつきや学び方の好き嫌いの偏りがあったりするために、態度面での勤勉さや真面目さを見せないときがあることにも配慮が必要です。

学校が、こうしたきめ細かな配慮や教育的な生徒理解を放棄してしまわないように願いたいものです。

さらに、上記の①が問題であると判断できる根拠は、中央教育審議会教育課程部会から出された学習評価に関する報告の提案に反することになるからなのです。次の一説を見てみましょう。

○「主体的に学習に取り組む態度」の評価は、知識及び技能を習得させたり、思考力、判断力、表現力等を育成したりする場面に関わって、行うものであり、その評価の結果を、知識及び技能の習得や思考力、判断力、表現力等の育成に関わる教師の指導や児童生徒の学習の改善にも生かすことによりバランスのとれた資質・能力の育成を図るという視点が重要である。すなわち、この観点のみを取り出して、例えば挙手の回数など、その形式的態度を評価することは適当ではなく、他の観点に関わる児童生徒の学習状況と照らし合わせながら学習や指導の改善を図ることが重

要である。

○この考え方に基づけば、単元の導入の段階では観点別の学習状況にばら
つきが生じるとしても、指導と評価の取組を重ねながら授業を展開する
ことにより、単元末や学期末、学年末の結果として算出される3段階の
観点別学習状況の評価については、観点ごとに大きな差は生じないもの
と考えられる。仮に、単元末や学期末、学年末の結果として算出された
評価の結果が「知識・技能」、「思考・判断・表現」、「主体的に学習に取
り組む態度」の各観点について、「CCA」や「AAC」といったばらつ
きのあるものとなった場合には、児童生徒の実態や教師の授業の在り方
などそのばらつきの原因を検討し、必要に応じて、児童生徒への支援を
行い、児童生徒の学習や教師の指導の改善を図るなど速やかな対応が求
められる。

（「児童生徒の学習評価の在り方について（報告）」pp.12-13）

　つまり、「報告」では、確かに「観点ごとに大きな差は生じないものと
考えられる」と述べていますが、それは「指導と評価の取組を重ねながら
授業を展開すること」の結果において生起することであり、「ばらつきの
原因を検討し、必要に応じて、児童生徒への支援を行い、児童生徒の学習
や教師の指導の改善を図るなど速やかな対応が求められる」と述べている
ことから、学習評価の在り方を変えて評価結果のばらつきを解消するので
はなく、指導改善や授業改善を行うことでばらつきの解消に取り組むべき
という方針を明確に定めています。筆者も、この方針に賛成します。

　したがって、「CCA」や「AAC」といった評価結果はあり得ない、といっ
た、根拠のない、中央教育審議会の「報告」とは異なる俗説に惑わされる
ことなく、ある意味で個性的な結果を示す生徒を多様性の保障の中で大切
にしながら、生徒の成長を信じて、評価結果に基づいた指導改善、授業改
善という本来的な学校の取組を進めていただくことを期待しています。

　ただし、実際の問題として、もし「CCA」や「AAC」といった評価結
果が、学年で30％も発生するようなことがあれば、やはり学習状況の段階
別記述において難易度に関して極端な姿が書かれていたり、評価方法が曖
昧なままで教師の主観に基づいたバランスを描いた評価が行われていたり
することも考えられますので、慎重な判断が必要になってきます。

　なお、ここで1点大切なポイントを指摘して解説しておきます。

　観点別学習状況の評価の結果が、「思考・判断・表現」と「主体的に学習に取り組む態度」の二つの観点において、自動的に同じ評価結果になるという俗説が、現在ネット上で流布しています。その理由は、両者は一体的に評価すべきであり、思考したり判断したり表現することに主体的に取り組む様子を評価するからだそうです。

　その理由付けは理解できるものですから、例えば、「CCA」や「AAC」は、通常は発生しにくいということは分かります。

　しかし、いつも両者が同じ評価結果になるのであれば、特に、「主体的に学習に取り組む態度」を評価する固有の意義がないことになり、そのための評価の材料を集めたり、評価規準を工夫して設定したり、ポートフォリオ法やルーブリック法という特色ある評価方法を駆使する必要が全くなくなります。

　また、生徒や保護者にとっては、「どうせ同じ評価結果になるなら、粘り強く試行錯誤して取り組まなくてもいいな」というように、主体的に学ぼうと努力することを放棄してしまうのではないでしょうか。あるいは、その逆に、「どんなに粘り強く試行錯誤して頑張っても、BやAがもらえないなら、努力することはあきらめよう」といった気持ちにならないでしょうか。

　こうした怠惰や努力放棄を起こしてしまう学習評価には、決してしてはなりません。それは、教育的指導の可能性を教師自らが放棄してしまうことになるのです。

　こうした統計的根拠もない俗説に惑わされることなく、子どもの「主体的に学習に取り組む態度」をしっかりと育み、適切に評価する方法を本書から学んでいただきたいと思います。

　これまで、学習評価の在り方に関する「報告」や国立教育政策研究所の参考資料などに基づいて、これからの新しい学習評価の在り方のポイントを解説してきました。その特徴を端的に示しているのが、図2-4です。

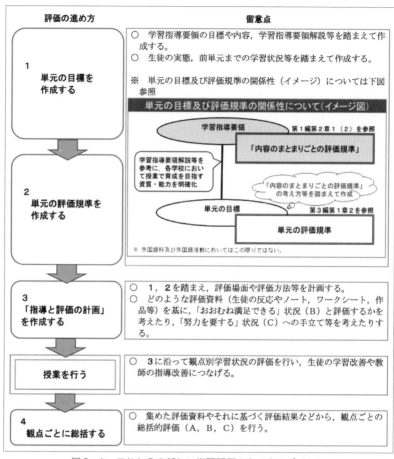

評価の進め方	留意点
1 単元の目標を作成する	○ 学習指導要領の目標や内容，学習指導要領解説等を踏まえて作成する。 ○ 生徒の実態，前単元までの学習状況等を踏まえて作成する。 ※ 単元の目標及び評価規準の関係性（イメージ）については下図参照

単元の目標及び評価規準の関係性について（イメージ図）

学習指導要領　　第1編第2章1（2）を参照

「内容のまとまりごとの評価規準」

学習指導要領解説等を参考に，各学校において授業で育成を目指す資質・能力を明確化

「内容のまとまりごとの評価規準」の考え方等を踏まえて作成

単元の目標　　第3編第1章2を参照

単元の評価規準

※ 外国語科及び外国語活動においてはこの限りではない.

2 単元の評価規準を作成する	
3 「指導と評価の計画」を作成する	○ 1，2を踏まえ，評価場面や評価方法等を計画する。 ○ どのような評価資料（生徒の反応やノート，ワークシート，作品等）を基に，「おおむね満足できる」状況（B）と評価するかを考えたり，「努力を要する」状況（C）への手立て等を考えたりする。
授業を行う	○ 3に沿って観点別学習状況の評価を行い，生徒の学習改善や教師の指導改善につなげる。
4 観点ごとに総括する	○ 集めた評価資料やそれに基づく評価結果などから，観点ごとの総括的評価（A，B，C）を行う。

図2-4　これからの新しい学習評価の在り方のポイント
『「指導と評価の一体化」のための学習評価に関する参考資料（中学校国語編）』(p.37)

　この図では、単元の観点別学習状況の評価の進め方が4ステップで分かりやすくポイントを押さえて解説されているので参考になります。

　そのポイントを箇条書きにして整理すると次の7点になるでしょう。完璧な運用は実際の評価場面では困難ですので、できるところから始めて、少しずつ求められているポイントが複数の単元で実施できるように、学習評価の在り方の改善に努めることが大切です。

【単元の観点別学習状況の評価のポイント】

①学習指導要領で定められた内容のまとまりごとの評価規準を作成する。

②①を踏まえて、単元の評価規準を作成する。

③「指導と評価の計画」の中で、Ａ・Ｂ・Ｃの３段階での学習状況を書く。

④「努力を要する」状況（Ｃ）への手立てと授業改善の方法を明示する。

⑤単元の観点別学習状況の評価を実施する。

⑥単元末に評価結果の総括をして補助簿に記録する。

⑦各単元の総括の結果を、さらに学期末と学年末に総括する。

　このような評価の進め方を経て、年度末には指導要録に学年末の観点別学習状況の評価の結果を記載します。

6 学年末の総括と指導要録における評定の在り方

　では最後に、学年末の評価の総括と指導要録での評定の在り方について見てみましょう。

　ここでも、根拠資料として、『「指導と評価の一体化」のための学習評価に関する参考資料（中学校国語編）』をもとにして解説しますが、その他の教科においてもほぼ同様の考え方と進め方があてはまりますので、それぞれの教科編のファイルをダウンロードして参照してください。

　まずおさらいとなりますが、観点別学習状況の評価においては、生徒が身に付けるべき資質・能力をどの程度習得・活用しているかを、Ａ・Ｂ・Ｃという３段階で評価します。具体的には、次のような表記となります。

【観点別学習状況の評価の表記】

「十分満足できる」状況と判断されるもの：Ａ

「おおむね満足できる」状況と判断されるもの：Ｂ

「努力を要する」状況と判断されるもの：C

　こうした段階別（レベル別）の評価結果を、単元末、学期末、学年末で集約して複数の単元の学習成果をまとめていくことを「総括」と呼びます。学年末の評価の総括の結果は、３月になって指導要録の観点別学習状況の評価の欄にＡ・Ｂ・Ｃを記載して、１年間の各教科での学習評価が終了します。

　こうした年間を通した観点別学習状況の評価の総括の在り方について、参考資料に次のような分かりやすい解説がありますので引用します。ただし、最終的な総括の在り方については各学校に任せられています。

【観点別学習状況の評価に係る記録の総括】(pp.16-17)

　適切な評価の計画の下に得た、児童生徒の観点別学習状況の評価に係る記録の総括の時期としては、単元（題材）末、学期末、学年末等の節目が考えられる。

　総括を行う際、観点別学習状況の評価に係る記録が、観点ごとに複数ある場合は、例えば、次のような方法が考えられる。

・評価結果のＡ・Ｂ・Ｃの数を基に総括する場合

　　何回か行った評価結果のＡ・Ｂ・Ｃの数が多いものが、その観点の学習の実施状況を最もよく表現しているとする考え方に立つ総括の方法である。例えば、３回評価を行った結果が「ＡＢＢ」ならばＢと総括することが考えられる。なお、「ＡＡＢＢ」の総括結果をＡとするかＢとするかなど、同数の場合や三つの記号が混在する場合の総括の仕方をあらかじめ各学校において決めておく必要がある。

・評価結果のＡ・Ｂ・Ｃを数値に置き換えて総括する場合

　　何回か行った評価結果Ａ・Ｂ・Ｃを、例えばＡ＝３、Ｂ＝２、Ｃ＝１のように数値によって表し、合計したり平均したりする総括の方法である。例えば、総括の結果をＢとする範囲を［2.5≧平均値≧1.5］とすると、「ＡＢＢ」の平均値は、約2.3［（３＋２＋２）÷３］で総括の結果はＢとなる。

なお、評価の各節目のうち特定の時点に重きを置いて評価を行う場合など、この例のような平均値による方法以外についても様々な総括の方法が考えられる。

　しかし、指導要録への記載はそれだけでは終わりません。全ての学習評価が終了した後に、「評定」と呼ばれる作業が残っています。

　この「評定」とは、教育的な配慮のもとでの学習評価という性格をもつ観点別学習状況の評価とは異なり、観点別学習状況の評価の結果を用いながらも、中学校では生徒の学習成果を5段階に区分けして、次のように1から5までの判断結果を一人一人の生徒に付与するものです。

【評定の評価の表記】

「十分満足できるもののうち、特に程度が高い」状況と判断されるもの：5
「十分満足できる」状況と判断されるもの：4
「おおむね満足できる」状況と判断されるもの：3
「努力を要する」状況と判断されるもの：2
「一層努力を要する」状況と判断されるもの：1

　そのねらいは、原理的にはその後の指導改善や学習改善に活かすことではなく、進学にあたって、調査書などの高等学校の入学選抜の基礎資料として使われることを意図したものです。基本的に評定の結果は、生徒には示されませんが、保護者からの開示請求があれば、教育委員会が妥当と判断したときにのみ開示されます。

　ここでも、「参考資料」から評定の在り方の根拠について引用しましょう。なお、ここでは評定の目的を、「指導や学習の改善に生かすこと」と記載されていますが、私見ではあくまでもそれは建前に過ぎません。もし5段階での評定の結果を改善の資料とすべきなら、そもそも学年末の観点別学習状況の評価については、A・B・C・D・Eという5段階で総括するようにすれば済むことであり、評定という新しい作業を必要としないからです。

第1章　第2章　第3章　第4章　第5章　第6章　Q&A

【観点別学習状況の評価の評定への総括】(pp.16-18)

　評定は、各教科の観点別学習状況の評価を総括した数値を示すものである。評定は、児童生徒がどの教科の学習に望ましい学習状況が認められ、どの教科の学習に課題が認められるのかを明らかにすることにより、教育課程全体を見渡した学習状況の把握と指導や学習の改善に生かすことを可能とするものである。

　評定への総括は、学期末や学年末などに行われることが多い。学年末に評定へ総括する場合には、学期末に総括した評定の結果を基にする場合と、学年末に観点ごとに総括した結果を基にする場合が考えられる。

　観点別学習状況の評価の評定への総括は、各観点の評価結果をA・B・Cの組合せ、又は、A・B・Cを数値で表したものに基づいて総括し、その結果を小学校では3段階、中学校では5段階で表す。

　A・B・Cの組合せから評定に総括する場合、各観点とも同じ評価がそろう場合は、小学校については、「BBB」であれば2を基本としつつ、「AAA」であれば3、「CCC」であれば1とするのが適当であると考えられる。中学校については、「BBB」であれば3を基本としつつ、「AAA」であれば5又は4、「CCC」であれば2又は1とするのが適当であると考えられる。それ以外の場合は、各観点のA・B・Cの数の組合せから適切に評定することができるようあらかじめ各学校において決めておく必要がある。

　なお、観点別学習状況の評価結果は、「十分満足できる」状況と判断されるものをA、「おおむね満足できる」状況と判断されるものをB、「努力を要する」状況と判断されるものをCのように表されるが、そこで表された学習の実現状況には幅があるため、機械的に評定を算出することは適当ではない場合も予想される。

　また、評定は、小学校については、小学校学習指導要領等に示す各教科の目標に照らして、その実現状況を「十分満足できる」状況と判断されるものを3、「おおむね満足できる」状況と判断されるものを2、「努力を要する」状況と判断されるものを1、中学校については、中学校学習指導要領等に示す各教科の目標に照らして、その実現状況を「十分満足できるも

のうち、特に程度が高い」状況と判断されるものを５、「十分満足できる」状況と判断されるものを４、「おおむね満足できる」状況と判断されるものを３、「努力を要する」状況と判断されるものを２、「一層努力を要する」状況と判断されるものを１という数値で表される。しかし、この数値を児童生徒の学習状況について三つ（小学校）又は五つ（中学校）に分類したものとして捉えるのではなく、常にこの結果の背景にある児童生徒の具体的な学習の実現状況を思い描き、適切に捉えることが大切である。評定への総括に当たっては、このようなことも十分に検討する必要がある。

　なお、各学校では観点別学習状況の評価の観点ごとの総括及び評定への総括の考え方や方法について、教師間で共通理解を図り、児童生徒及び保護者に十分説明し理解を得ることが大切である。

　ここでは、次の３点における評定に関わる問題の解決が、生徒の望ましい成長と資質・能力の向上に資する学校での授業改善につながることを願っています。

　まず、各教科での評定を付ける時に、「知識・技能」に重みをつける場合があることです。本来、三つの評価の観点はどれも大切なものであり、「知識・技能」を重視しすぎることで、「思考力、判断力、表現力」を育てようとする授業改善、つまり、「主体的・対話的で深い学び」の実現を軽視するような風潮が校内に広がることが懸念されます。

　この点に関しては、いくつかの教育委員会から、地域ごとの評定結果の教科別分布が公表されていますが、それを見てみると、教科間で分布の有り様が大きく異なっている地域が少なくないことに驚かされます。評定が観点別学習状況の評価の結果に基づいている以上、評定も絶対評価に基づいていることから、相対評価をねらいとする評価結果の分布を見てみることは、中学校教育において相対評価を肯定するという矛盾を引き起こしてしまいますが、極端な分布に反省を促すというねらいをもつものと理解できなくもありません。

　次に、地域によっては、高校入試の調査書を作成するときに、教育委員

会の一律的な指導により、実技系の教科の評定結果をいわゆる5教科の評定結果の2倍前後に重み付けをしていることです。もちろん、中学校で学んでいる実技系教科の評定結果をおろそかにしてはいけませんし、入学試験の科目に実技系の科目がないことを補うという理由も間違っているわけではありません。

　しかし、心配になるのは、全ての教科の評定結果を厳格かつ正確に入学選抜に反映させるようになると、中学校において生徒たちの学習状況が全て評価で管理されるようになることです。さらに、「主体的に学習に取り組む態度」までも全ての教科で選抜の資料になると、生徒たちは全ての教科でよい評価結果を得られるように真面目に従順に学ぶことを強制されるようになります。いわゆる、学習評価を通した管理教育が全国の中学校へ浸透してしまう恐れがあるのです。

　その一方で、この「参考資料」にあるように、評定の在り方については各学校で詳細を決めることになっていますから、学校間での評価結果や結果の分布に偏りがみられるようになり、評定結果の標準化ができないことになり、結局は評定への信頼性が下がってしまうという矛盾も生じてきます。中学校といえども、附属校、私立進学校、公立校の間で、同じ評定結果が同じ学習状況を表すわけではないからです。同じ公立学校でさえ、その地域の社会経済的地位の違いに影響されて学力実態が大きく異なっていることは、様々な学力調査の結果でも明らかになっていることです。

　こうした評定に関わる多くの問題は、実際には根本的な解決は困難です。また、唯一の理想的な解決策があるわけではありません。したがって、生徒の成長と学ぶ意欲の向上につながる中学校教育の実現のため、そして学習評価によって生徒の主体性や創造性を阻害する管理教育につながらないようにするために、オープンな議論を促しながら、できる限りバランスを取り、様々な改善を続けていくことが大切なのです。

第3章

「思考・判断・表現」を
こう評価する

1 教師が行う学習評価の視点と方法

　「思考・判断・表現」を観点とする学習評価の在り方についての具体的な解説に入る前に、まずは教師が行う学習評価の視点と方法について見ておくことにしましょう。

　教師が行う学習評価は、大きく分けて次のような四つの種類に分けられます。それぞれのねらいと特徴を踏まえて、いくつかを組み合わせて用いながら、生徒の資質・能力の習得・活用状況を把握して、その後の指導改善や学習改善につなげるようにしましょう。

(1) 授業における観察法を用いた、生徒の学習状況の学習評価

　一つ目の学習評価の在り方として取り上げるのは、授業中に生徒の学習の様子を観察することを通して、一人一人の生徒の学習状況を見取る方法です。例えば、グループ対話をしている様子、発表やスピーチ、プレゼンテーションをしている様子、歌唱や演奏、体育実技などに取り組んでいる様子を対象にするのです。

　ただ漠然と生徒を見るのではなく、いくつかの評価の観点や評価規準をもって意図的・継続的に見取っていくことが大切です。また、あまり記憶に頼りすぎるのではなく、生徒の座席表や補助簿などを用いて、負担のない程度に継続して記録を取りながら評価資料を蓄積することも、大切になります。

　ただし、学級の全ての生徒について、指導と並行して評価のために毎時間細かく記録を付けることは不可能ですから、特に「主体的・対話的で深い学び」が成立している重点的な単元の授業に限定して、1時間の間に5人程度の対象児を決めながら記録を取ることをお勧めします。なお、国語科や外国語科のスピーチやプレゼンテーション場面の学習評価を行う際には、生徒一人につき2分などの時間制限を設けて、録画をしながら流れ作業のようにして次々と評価点を採点表に書き込んでいく場合もあります。

また、評価の観点として「思考・判断・表現」を入れるだけでなく、例えば「問題解決の過程を改善している」状況や、「粘り強く課題の解決に取り組んでいる」状況、あるいは、「聞き手の状況に応じてコミュニケーションの在り方を工夫している」状況などを合わせて見取るといった、「主体的に学習に取り組む態度」に関わる観点も大切にしてください（詳しくは、第4章を参照）。

観察法では、(4)で紹介するような「評定に用いる評価」のためのパフォーマンス評価を行うことが目的になるのではなく、授業中に、フィードバックとしての指導や支援を即時に生徒に与えることを目的とします。授業中のフィードバックの在り方を決めるための観察法による学習評価では、特に学習に課題のある生徒を発見するために、授業中の観点別学習状況の評価における、A「十分満足できる」・B「おおむね満足できる」・C「努力を要する」の各状況を文章表記して準備しておき、Cと判断できる生徒を早期に発見して、その生徒に対して授業中に声かけや具体的なアドバイスをするなどの学習支援を行うことが大切になります。

もちろん、補助簿に評価の記録をしっかりと付けておけば、学期末の通知表や年度末の生徒指導要録に、「評定に用いる評価」の補助資料として、観察法による評価結果を総合的に組み入れることができます。ただし、観察法による評価結果を生徒指導要録における観点別学習状況の評価に組み入れる場合には、生徒間の不公平が生じないように、普段からバランスよく単元内で全ての生徒の記録を付けられるよう、きめ細かい配慮をすることが求められます。

(2) 単元末や中間・期末考査におけるペーパーテストを用いる学習評価

次に大切になる方法は、生徒の資質・能力の達成状況を、単元末や定期考査のときに、主にペーパーテストを用いて見取る方法です。ただし、新学習指導要領が求める「主体的・対話的で深い学び」を通した資質・能力の達成状況を評価するためには、ペーパーテストであったとしても、いわゆる活用問題を工夫して取り入れることによって、生徒の思考・判断・表現の学習状況を評価することが大切です。

活用問題とは、文部科学省が実施する全国学力・学習状況調査における教科調査のＢ問題のように、ペーパーテストでありながらも、暗記した知識の量と正確さを問うのではなく、既習の知識・技能を活用して問題を解決することを求める資料活用型記述式文章題です。活用問題では、複数の知識を組み合わせて活用したり、複数の情報を関連付けて考察したり、条件に沿って記述したりすることが求められる応用問題であるということも言えます（具体的な解説は、拙著『新全国学テ・正答力アップの法則』学芸みらい社、2019年を参照）。

　これまでは中学校のテストの慣習として、単元末や定期考査時には、知識・技能の習得状況を評価する客観式テスト問題、例えば、穴埋め問題や記号選択、用語記述式の問題が出題されてきました。

　しかし、多様な資質・能力を育てる新学習指導要領のもとでの授業では、特に思考・判断・表現の学習状況を評価することが求められます。そのため、ペーパーテストにおいても、少なくとも大問の一つには、こうした活用問題を入れるとともに、生徒が活用問題を解けるようになるための授業改善を行うことが求められます。そして、ペーパーテストに入れた活用問題を採点するときには、解答類型やルーブリックが必要になりますので、その方法についても本章の解説をもとにして具体的に理解するようにしてください。

(3) 宿題の提出物や生徒の作品を対象として行う学習評価

　次に、教師が行う学習評価の在り方として位置付けたいのは、作品評価と呼ばれ、宿題の提出物や生徒が授業で製作した作品を対象として行う学習評価です。例えば、普段授業中に生徒がつけている教科ごとの学習ノート、生徒が蓄積している自主学習ノートや学習内容を整理した教科新聞、さらに、美術科で生徒が創作した作品、家庭科で作った料理や縫製品、外国語科で作った英字新聞やエッセイ、数学科や理科で作った学習レポートや実験レポート、国語科で作った物語文や意見文、説明文など、生徒が作った作品を対象として、生徒の思考・判断・表現の達成状況を見取ることが、このカテゴリーに位置付けられます。

「主体的・対話的で深い学び」の中核的活動として、生徒による作品製作を位置付けることがこれからますます増えてくると思われますが、その際に、生徒が作った作品をしっかりと学習評価の対象とすることが、「指導と評価の一体化」につながることであるとともに、生徒の創作意欲の向上にもよい効果を与えることになります。

生徒が精魂込めて時間をかけて作り上げた作品は、ただ朱書きコメントを書いたり見ましたスタンプを押したりして終わりにするのではなく、資質・能力の中核部分である思考力・判断力・表現力の達成状況の表れとしてしっかりと学習評価の対象として位置付けて、指導要録における観点別学習状況の評価に組み入れることが大切です。

これまでは、生徒の作品評価については、教師の経験と主観的判断によって、補助簿にＡＢＣなどの評価語を記入して終わっていることがほとんどでした。言い換えれば、それぞれの単元での学習内容に則した具体的な評価規準や判断基準に基づく評価は、ほとんど行われていませんでした。

しかし、これからの学習評価に関しては、評価ツールとしてルーブリックを活用することをぜひお勧めしたいと思います。生徒の作品を対象として思考力・判断力・表現力を見取るためには、多様な資質・能力を観点別にレベル分けした判断基準表、すなわちルーブリックが不可欠なのです。現時点では、生徒の思考力・判断力・表現力をできる限り客観的に評価するためには、ルーブリックを越える評価ツールはまだないと言ってもよいでしょう。具体例については、本章の後半で解説します。

⑷ 授業中の生徒のパフォーマンスを対象として行う学習評価

最後に四つ目の学習評価の方法として、授業中の生徒の実技や実演、つまりパフォーマンスを対象としてルーブリックを用いる学習評価、いわゆるパフォーマンス評価を挙げておきたいと思います。ここでの学習評価の対象となるパフォーマンスとは、生徒が実演や上演をするという意味ですから、例えば、国語科での朗読やスピーチ、群読、音楽科での歌唱や楽器演奏、体育科での体操やダンス、外国語科でのスピーチやプレゼンテー

ション、理科や社会科での研究発表などがあてはまります。

　前者の作品評価と異なるのは、パフォーマンス評価は、生徒の身体表現や発声、演奏などのように瞬間的に表現されて消えてしまう人間の表現活動を評価の対象としていることです。もちろん、評価の信頼性を高めるために、ビデオ記録を取ったり録音したりしてパフォーマンスを保存することをお勧めしますが、忙しい学校の先生方にそれを毎回求めることは、現実的ではありません。そのため、ルーブリックを用いてその場で多面的・多角的な学習評価をきめ細かく行うことが大切です。

　また、生徒が行うパフォーマンスは、実演や上演が終わればすぐに消えてなくなるため、生徒が自分のパフォーマンスを振り返るためにはタブレットを用いた撮影が必要になることや、ルーブリックに入れる評価の観点や判断基準のレベルの数を必要最小限にしておくといった配慮が必要になります。ですから、作品評価とパフォーマンス評価は分けてそれぞれの特徴を理解して実施することが大切です。

2　授業中の生徒の行動観察に基づくフィードバックをこうする

　「主体的・対話的で深い学び」を通した生徒の学習状況を授業中の行動観察によって評価し、即時的なフィードバックをするためには、どのような観点が必要になるでしょうか。

　そのために役に立つ、観察による学習評価の八つの観点を提案したいと思います。これを参考にして、校内で観察法による学習評価とそれに基づく授業改善を推進してください。

　なお、ここでお勧めしている学習評価の観察の観点は、実質的には主に授業中の教師から生徒への肯定的なフィードバック（ほめ言葉や励まし）につなげていくことが大切です。

(1) 生徒が課題解決に取り組んでいるかどうか

　まず、1時間の授業の中で、学習課題の設定・自力解決・協働解決・一斉検証という四つの活動系列で授業を構成し、生徒が主体的・協働的に学んでいるかどうかを観察します。

　「学習課題の設定」では、できるだけ生徒が主体的に課題づくりに参加しているかがポイントとなります。そのため、教師は、「学習課題の設定」や「問題づくり」「質問づくり」にどれほど生徒たちが参画して主体的に取り組んでいるかを観察し、顕著な行動や発言をしている生徒を肯定的に評価したり、うまく課題づくりに取り組めていない生徒にはアドバイスを与えたりするようにしましょう。

　次に、ノートやワークシートに自分なりの解決策や表現のためのアイデアを書かせる7分程度の「自力解決」の時間に、集中して取り組んでいるかどうかがポイントになります。そこで、学習評価の観点としては、「既習事項を活用してよりよい解決策を探そうとしている」「課題解決のために、新しい方法を考えだして粘り強く試している」といった観察の観点が大切になります。なお、これらは「主体的に学習に取り組む態度」の学習評価の観点ですが、ここであわせて解説しておきます。

　そうして生徒一人一人が自分の考えや意見、解決方法のアイデアをもってからグループワークに入ります。それが、グループ単位での「協働解決」の時間になります。ここでは、常に積極的に発言する生徒の意見が採用されたり、発言しにくい子の意見が埋没したりすることがないように配慮しましょう。ここでは、学習評価の観察の観点としては、「問題解決のためにグループのメンバーに参加を促すファシリテーションをしている」「多様な考えを促すとともに、それらを集約して結論に導いている」などの観察の観点が大切であり、これらの行動や発言を対象にして、顕著な表れがある生徒を探し出し、肯定的なフィードバックを与えるようにしましょう。

　さらに、グループワークでまとまった考えや意見を発表し、クラス全員で一斉検証をする場面を設定する段階になります。最後に、本時で学んだことをまとめたり類題を解かせたりする場面が必要ですが、必ずしも全て

の活動段階を1単位時間で収めることを目的化しないようにしたいものです。この段階での学習評価における観察の観点としては、「既習の知識・技能を活用したり、各教科等の見方・考え方を働かせて課題を解決したりしている」「適切な資料を引用しながら根拠の明確な考えを形成している」「理由を明確にしている」などに加えて、「検証場面で正誤や真偽を粘り強く判断しようとしている」「相手の立場や状況に応じて分かりやすい発表を工夫しようとしている」といった観察の観点が大切であり、こうした「主体的に学習に取り組む態度」をあわせて見るようにしましょう。

(2) 「学習モデル」と「学習ツール」を効果的に活用しているかどうか

　「主体的・対話的で深い学び」では、思考・判断・表現の補助輪となる「学習モデル」や、その活性化のための道具となる「学習ツール」を生徒に提供することが不可欠です。

　主体的な学びとしての課題解決や創作表現には、武道や茶道、華道のように活動の「型」があり、その習得と活用を教師が意図的に仕組まなければ、生徒の解答や作品の質は高まりません。それが、「話型・文型・思考型」という学習モデルなのです。

　一方、対話的な学びを通して生徒が情報を集め加工して表現したり、自分の言葉で考えて自己表現したりする学習を支える学習ツールの充実も欠かせません。学習ツールには、イメージマップなどの思考ツール、レーダーチャートなどの分析・判断ツール、ホワイトボード・付箋紙・アイテムカードなどの操作ツール、タブレットやはがき新聞といった表現ツールなど、多様なものがあります。

　それらを生徒が主体的に活用して課題を解決しているかどうかを観察することが大切です。したがって、「学習モデル」と「学習ツール」を効果的に活用しているかどうかを観察するときの評価の観点は、「学習モデルや学習ツールを活用して語彙を豊かにしている」や、「学習モデルや学習ツールを活用して相手の状況に応じてコミュニケーションを工夫している」「学習モデルや学習ツールを活用して、相手に伝わるように表現の内容や方法を工夫している」「学習モデルや学習ツールを活用して根拠を明

確にした深い内容の表現を工夫している」「学習モデルや学習ツールを活用して知識を関連付けたり因果関係を説明したりしている」などが例として挙げられるでしょう。

(3) 「深い学び」の技法が使われているかどうか

　さらに筆者は、「深い学び」を生み出す15の技法を作成して紹介しています（拙著『「深い学び」実践の手引き』教育開発研究所、2017年）。これは、生徒が思いつきや勘で答えるのではなく、既有の知識・技能を活用して、複数の資料やデータを引用しながら、理由や根拠を示して自分の考えを説明することができるようになるための多様な「深い学び」の技法です。具体的な項目例は、バージョンアップした20の技法を、上掲書の関連ウェブサイトからダウンロードできます。生徒の発達段階や教科の特質を無視した形式的なジグソー法などの対話型にとらわれずに、日頃から「不断の授業改善」に取り組むために、「深い学びの20の技法」を少しでも日々の授業や単元の中に組み入れて生徒が「働かせる」ことが大切です。

　そこで、この視点からの学習評価の観察の観点は、「深い学びの技法を活用して、理由や根拠を明確にしながら説明している」や、「深い学びの技法を活用して、事象間の因果関係や関連性を説明している」「深い学びの技法を活用して、R-PDCA サイクルを回して、活動の修正や改善に取り組んでいる」「深い学びの技法を活用して、既有知識を活用して表現の仕方を工夫したり改善したりしている」などが参考例になるでしょう。

(4) 目的を明確にした対話が行われているか

　グループワークのときの生徒同士の対話には、明確な課題解決の目的をもたせることが大切です。

　例えば、グループで協力して学習課題を決めるために対話を行う場合もあれば、実験や調査から得られたデータを協力して分析して法則性や規則性を発見するための対話もあります。また、賛成か反対かという自分の意見を決めるために、友だちの意見やその根拠を参考にする対話もあるでしょう（上掲書『「深い学び」実践の手引き』chapter 3 参照）。単なる思

いつきの楽しい「対話ごっこ」や放談と同レベルの「おしゃべりタイム」になっていないか、あるいは、ある一人のグループリーダーが平等な対話を促さずに自分で何でも決めてしまう「専制的な対話もどき」になっていないかどうかを確かめることが大切です。

　そこで、上掲書（2017）では、「主体的・対話的で深い学び」につながる対話活動の目的を、次のような10個に整理して、具体的な対話の事例を豊富に紹介しています（chapter 3 参照）。

【「主体的・対話的で深い学び」のための対話の目的】

①課題を設定する対話　　⑥立場を交流する対話
②役割を分担する対話　　⑦合意を形成する対話
③思考を深化する対話　　⑧意思決定をする対話
④法則を発見する対話　　⑨共同製作をする対話
⑤意見を形成する対話　　⑩相互評価をする対話

　この視点からの学習評価の観点で、上記のそれぞれの目的に沿って、各学習グループの対話が進行しているかどうかを観察して、即時的なフィードバックを与えたり、対話の目的に沿って話し合いをするためにリーダーシップを取っている顕著な現れがある生徒を積極的にほめたりするようにしましょう。

(5) 活用問題を解決しているか

　「深い学び」においては、授業で教科書や全国的な学力調査にある活用問題（B問題）を学習内容として取り上げて、その解決を図る学習を仕組むことが大切です。つまり、基礎的・基本的な知識・技能を活用して、多様な解決方法を認め合いながら解決した過程と結果を評価するためには、生徒が主体的に表現したり説明したり修正したりする活動を設定するようにしましょう。

　新しい教科書には、よく見てみると活用問題や活用単元が含まれていることが分かります。特に校内研究授業では、そうした教科書にある活用問

題を積極的に取り上げて授業化することが大切です。そのことが、各種学力調査の結果の向上につながっていきます（具体的には、拙著『新全国学テ・正答力アップの法則』学芸みらい社、2019年を参照）。

この視点での学習評価の観察の観点は、例えば、「活用問題に、既有知識を使って解けないか、粘り強く取り組んでいる」「活用問題に、いろいろな解法をあてはめながら解こうとしている」「解答の条件に沿って、記述文を粘り強く完成しようとしている」「最初に解いた活用問題の解法を活用して、適応題に取り組んでいる」「問題文を正確に粘り強く読解しようとしている」など、「主体的に学習取り組む態度」に関わる観点もあわせて大切になるでしょう。

(6) 生徒の個性が生きているか

「主体的・対話的で深い学び」では、思考形成や作品製作、作戦立案などの多くの活動で生徒の個性が発現してくることが多くなります。そこで、友だちや先生からの肯定的なフィードバックを大切にしましょう。そうすれば、生徒は、自分なりの考えや解き方のよさをほめられたり、作品の面白さをほめられたり、パフォーマンスの高さや正確さをほめられたりして、少しずつ自尊感情が高まっていくのです。

「やったらできた！」「ほめられてうれしい！」「やればできる！」といった自己肯定的な感情（自尊感情）を育むために、お互いのよさや個性を認め合うコミュニケーションが活発に行われているかどうかを見ることが大切です。

具体的な観察の観点は、「作文に他にはない個性的な表現がある」「提案内容に他にはないユニークな内容がある」「発表内容に他にはないオリジナルな視点がある」といったものになるでしょう。

(7) どの生徒も活躍している場面があるか

学級経営的な側面から見てみると、「主体的・対話的で深い学び」では、学力や技能が高い生徒ばかりが活躍するのではなく、どの生徒も課題解決に参画して大切な役割を果たしながら個性を発揮して活躍できるように、

教師が配慮しているかどうかが重要です。

　例えば、「自分の考えを班で聞いてもらえてうれしかった」とか、「むずかしかったけど、友だちと協力して発表がきちんとできてよかった」、さらに「物語を書き終えて朗読ができてうれしかった」「みんなの力で創作ダンスが完成して、やった！と思った」といった感想をどの生徒ももてているかどうかを観察しましょう。

　特に、普段は授業中にあまり活躍が見られない生徒が、「主体的・対話的で深い学び」に取り組んでいるときに、課題解決や創作表現の過程で積極的に発言や記述、行動をしていたり、グループワークでリーダーシップを発揮していたり、グループでの課題解決や創作表現に貢献する意見やアイデアを出したりしている場合には、肯定的なフィードバックを与えるようにしましょう。

⑻ 学級力を高める工夫がなされているか

　最後に大切にしたいのは、「主体的・対話的で深い学び」で行う協働的な学習により、よりよい学級づくりにつながっているかどうかです。ここで用いている学級力という用語は、筆者の造語ですが、学級の生徒たちが自分たちの学級をよりよくしていくために必要となる多様な資質・能力を含んでいる概念です（拙編著『学級力向上プロジェクト』金子書房、2013年他関連書籍を参照）。「主体的・対話的で深い学び」は、グループワークや一斉での話し合い活動が活発に行われるようになるため、学級の集団が支持的で協働的であることが必要であるとともに、逆にそうした多くのグループワークの機会を生徒の肯定的な人間関係力を育てる絶好の機会にすることができます。

　その意味で、教科学習において生徒が学級を支持的で協働的な場と時間になるように工夫しているかどうかを観察して、生徒に評価的なフィードバックを与えるようにしましょう。

第1章

第2章

第3章

第4章

第5章

第6章

Q&A

3 定期考査で出題する記述式活用問題と 解答類型

　次に、単元テストや定期考査で行われるペーパーテストの改善を通した学習評価の在り方について具体的に見てみましょう。中学校での定期考査で行うペーパーテストは工夫次第で、生徒の思考・判断・表現の達成状況を評価することができるようになります。

(1) 「主体的・対話的で深い学び」を学力向上につなげる

　「主体的・対話的で深い学び」の成果である、生徒の思考・判断・表現を評価する方法としてペーパーテストの在り方を工夫してみましょう。工夫するポイントは、①定期考査（または単元テスト）に活用問題を組み込むことによるテスト問題の改善、および、②活用問題の解答を採点するための解答類型やルーブリックの活用という二つがあります。そうしたペーパーテストの工夫によって、より幅広い視野から「主体的・対話的で深い学び」の学習評価のレパートリーを構成したいと思います。

　なぜなら、「主体的・対話的で深い学び」は、生徒に多様な資質・能力を育てるとともに、教科内容の定着・習熟もねらいとしているのですから、教科学力（思考力・判断力・表現力）の向上につなげることをねらいとすることができるからです。

(2) 活用問題を出題する定期考査の改善

　「主体的・対話的で深い学び」では、授業で積極的に活用問題を取り扱うことになります。

　活用問題とは、簡単に定義するならば、資料提示型記述式文章題と言えるでしょう。全国学力・学習状況調査のＢ問題やＯＥＣＤのＰＩＳＡ調査の読解力問題などがその代表であり、最近では教科書にも単元末や巻末にいくつか掲載されるようになってきました。

　活用問題は、「主体的・対話的で深い学び」によって解く方が、子ども

たちの学力がアップします。なぜなら、活用問題は自力解決で解けるところまで解いてみて、その後はグループやクラスの友だちとの対話を通して、既有知識を活用しながら解法について深く理解すると、よりよく解けるようになるからです（詳細な実践事例は、拙著『新全国学テ・正答力アップの法則』学芸みらい社、2019年を参照）。

　そうして活用問題を生徒が協働的に解決する授業を行ったならば、そこで身に付けた資質・能力として、思考力・判断力・表現力を評価することが当然必要になります。

　しかし現状、中学校では、定期考査で実施するペーパーテストにおいて記述式文章題はほとんどなく、記号選択や用語記入による知識の量と正確さを図る問題が中心となっています。そこで中学校では、新学習指導要領のもとでの定期考査には、活用問題を組み入れるようにしましょう。

　まず、中学校の先生方にお勧めしたいのは、公立高等学校の入試問題の過去問を分析して、定期考査の改善に役立てることです。「主体的・対話的で深い学び」で身に付けた資質・能力について考えているときに、入試問題の過去問を分析することはふさわしいことではないと感じるかもしれませんが、そうではありません。

　中学校の新しい学習指導要領に多様な資質・能力が記載され、それらの育成が教育目標になるため、中学校段階での学習成果を見るためには、高等学校の入試問題にも思考力・判断力・表現力をみる活用問題が出題されるようになっているのです。

　そうした高校入試の改革の歩みはゆっくりしたものですが、例えば、秋田県の県立高等学校の入試問題においては、各教科で必ず一つの大問は活用問題になっています。そのような流れは今後全国に必ず広がっていきますので、中学校で「主体的・対話的で深い学び」を通して思考力・判断力・表現力を育てる授業を行うことは、生徒一人一人の進路保障となるのです。

　もちろん、「主体的・対話的で深い学び」は高校入試のためのテスト対策であると言っているわけではありません。しかし、普段から中学校の授業で「主体的・対話的で深い学び」によって生徒の資料活用能力や文章記

述力、論理的説明力、3段階思考力などを育て、その成果を定期考査でしっかりと評価して、生徒にその成果と改善点をフィードバックしておくことで生徒の進路保障につながるのであれば、それは「主体的・対話的で深い学び」の大切な効用になるのです。

中学校の先生方にもう一つお勧めしたいのは、教科書分析によってそこに記載されている活用問題の特徴を知ることです。特に、数学科や理科、社会科の最新の教科書には活用問題が多く収録されています。また、国語科や外国語科の教科書にも活用単元（プロジェクト単元）や活用問題といえる発展的な学習課題（パフォーマンス課題）が豊富に掲載されるようになっています。

そうした教科書に準拠した活用問題の類題を作ることから定期考査の改善を少しずつ始めることで、活用問題の出題から採点の在り方までを理解することに役立ててみてはいかがでしょうか。

(3) テスト観の転換と活用型テスト問題の出題・採点

例えば、国語科では、問題文を読んで一部を引用しながら複数の条件に沿って自分の考えを50字程度で書く短作文問題や、学級討論会などの話し合いの場面で場面に即した対話例を書く問題などが活用問題です。

数学科では、複数の資料を比較検討しながらある言説の正しさや誤りを論理的に説明する文章を書いたり、問題文に含まれる解法を活用して新しい場面に適応して解を求めたりする問題が活用問題になります。

具体的な問題例については、インターネット検索で、「全国学力・学習状況調査の調査問題」と入力すれば、国立教育政策研究所の該当ページに飛んで、全国学力・学習状況調査の全ての過去問と正答例、解答類型などを見ることができます。

そうして、学校として定期考査に活用問題を出題することを保護者に説明した上で、そのことを学校の評価ポリシーとして明確にすることで、生徒にも保護者にも、活用問題の大切さやそれを解くことで身に付く思考力・判断力・表現力の大切さを意識してもらうことができるのです。定期考査の出題の改善は、生徒が21世紀社会を生き抜く上で必要な資質・能力

を育てるために行うものであることを理解してください。

(4) 採点用ルーブリックの作成と活用

　活用問題で求める文章記述の採点には、まずルーブリックを用いることをお勧めします。そのため、参考になるように、表3-1と表3-2にペーパーテストの問題を採点するルーブリックの例を挙げておきましたので参考にしてください。

表3-1　活用問題採点のためのルーブリック（国語科）

評価の観点 / 評価のレベル	知識・技能の活用	条件1の充足	条件2の充足
レベルA	意見文の書き方の学習モデルをしっかりと活用して、科学的な事実と根拠が明確な文章になっている。	字数や文頭で使うキーワード、接続詞の使い方に関する条件をしっかりと守って書いている。	問題文から引用した箇所の内容と、自分の主張点の内容が明確に関連づけられて論旨が明快である。
レベルB	意見文の書き方の学習モデルに沿って書かれているが、理由づけや根拠に曖昧性がある	字数やキーワードの使い方の条件は守れているが、接続詞の使い方が曖昧である。	引用文と自分の主張点が明確に関連づけられていないが、論旨は明快である。
レベルC	意見文の書き方の学習モデルをしっかりと活用できておらず、理由づけや根拠に曖昧性がある。	条件1のカテゴリーに入る要素が十分守られていないために、主張点が不明確である。	引用文と自分の主張点との関連性が不明確であり、意見文の中の論旨が明快になっていない。

表3-2　活用問題採点のためのルーブリック（数学科）

評価の観点 / 評価のレベル	知識・技能の活用	条件の充足	論理的な記述
レベルA	既習の知識と計算技能を活用して問題解決をしていることが、思考プロセスの記述から十分読み取れる。	文章と式や図を組み合わせて、わかりやすく問題解決したプロセスと結果を記述できている。	三段階思考や論証言葉を用いて、論理的に問題解決のプロセスと結果を記述できている。
レベルB	既習の知識と計算技能を活用して問題解決をしているが、そのことを十分に記述できていない。	問題を解決できているが、文章と式や図を組み合わせたわかりやすい記述ができていない。	三段階思考で問題解決のプロセスと結果を記述できているが、論証言葉が使えていない。
レベルC	既習の知識と計算技能を活用して問題解決をしていないので、問題が解決できていない。	文章と式や図を組み合わせて記述できていないため、問題が解決できていない。	文章記述に曖昧なところが多く、論理的な思考を明快に記述できていない。

(5) 活用問題の授業化に取り組もう

　単元テストでこれまで扱っていなかった活用問題を出す前に、類似の活

用問題を授業で取り上げて解き方を学ばせておく必要があります。

　もちろん、「主体的・対話的で深い学び」を通して活用問題の解決力や問題解決の仕方に関する論理的説明力を育てるわけですから、グループでの対話を通して考え方を教え合ったり、どの解法が効率的で論理的に正しいのかを主体的に検証し合ったりすることが大切です。

　なお、実際には、活用問題を解いたり活用単元を扱ったりすることは、学期に各教科１～２回ずつほどに限定するのが現実的でしょう。

　活用問題を扱った授業は、積極的に校内で公開したり研究授業にあてたりして、「言語活動の充実」を通した「活用を図る学習活動」による「主体的・対話的で深い学び」の在り方を全校体制で研究してください。

　こうした本格的な授業化ではなく、４月になってからドリル形式で学力調査の過去問を解くといったテスト対策は望ましいことではありません。

　まず、国語科や数学科、理科ではすでに全国学力・学習状況調査のＢ問題の過去問がありますし、外国語科の学力調査も2019年度と2023年度に実施されましたので、それらを参考にして定期考査問題を作ることは可能です。また、社会科についても、新しい教科書に活用問題が掲載されていますので、教科書分析を積極的に行ってみることをお勧めします。

⑹ 解答類型の特徴と活用方法

　定期考査に出題する活用問題の採点には、ルーブリックではなく解答類型を用いることもできます。正解の条件や不正解の条件を箇条書きにしていくつか示すことで採点が可能になりますので、こちらの方がより簡単に文章題や記述式問題の採点ができるので便利です。

　ただし、中学校ではまだ解答類型を実際に作って定期考査で日常的に活用しているケースは少ないでしょう。そこで、解答類型の特徴をイメージしていただけるように、事例として、文部科学省が行っている全国学力・学習状況調査で実際に使われている解答類型を二つ引用しましょう。

　一つ目は、令和４年度の中学校国語科の教科調査問題に対応した解答類型です（表３-３、国立教育政策研究所、教育課程研究センター、「全国学力・学習状況調査」中学校国語科解説資料、p.34より）。

表3-3　中学校国語科の解答類型の例

解答類型

問題番号	解　答　類　型	正答
③	**(正答の条件)** 次の条件を満たして解答している。 ①　AからCまでのいずれか一つの【言葉の候補】を選んで，その記号を塗り潰している。 ②　選んだ【言葉の候補】について，【辞典の記述】の中のどのような意味に着目したのかを，他の【言葉の候補】の意味との違いが分かるように書いている。 ③　選んだ【言葉の候補】を用いることで，どのような情景や心情を表現できると考えたのかを，②で取り上げた意味を基に具体的に書いている。	
	(正答例) ・A 　　私は「ほろほろ」の「小さく軽いものが，音もなく続けてこぼれ落ちる」という意味に着目しました。「ぼろぼろ」には「大粒の涙をこぼす」，「ぽろぽろ」には「一粒ずつ続けてこぼれ落ちる」などの意味がありますが，私は，卒業式の厳かな雰囲気の中で静かに涙を流す様子を表現したいので，「音もなく」という意味がある「ほろほろ」を選びました。(解答類型1) ・B 　　音もなく涙を流す様子を表す「ほろほろ」や，一粒ずつ続けてこぼれ落ちる様子を表す「ぽろぽろ」ではなく，大粒の涙を流す様子を表す「ぼろぼろ」という言葉を選んだ。なぜなら，三年間ともに過ごした仲間たちと別れる悲しみの深さを，涙の大きさで表したいからだ。(解答類型1) ・C 　　私は「ぽろぽろ」という言葉だけにある「一粒ずつ続けてこぼれ落ちる」という意味に着目しました。私は，中学校生活のたくさんの出来事を一つずつ思い出している卒業生の心情をこの俳句で表現したいと考えました。(解答類型2)	
	1　条件①，②，③を満たしているもののうち，選んでいない【言葉の候補】の意味に触れて解答しているもの	◎
	2　条件①，②，③を満たしているもののうち，選んでいない【言葉の候補】の意味に触れずに解答しているもの	◎
	3　条件①，②を満たし，条件③を満たさないで解答しているもの	
	4　条件①，②を満たし，条件②を満たさないで解答しているもの	
	99　上記以外の解答	
	0　無解答	

　解答類型の特徴は、記述式問題であれば、まず正答の条件を複数提示して、その後その条件を満たしている正答例を挙げて、条件を満たしている状況を複数提示しどれが正答であるかを示すようになっています。

　次に、令和4年度の中学校数学科の教科調査問題に対応した解答類型の特徴を見てみましょう（表3-4、国立教育政策研究所、教育課程研究センター、「全国学力・学習状況調査」中学校数学科解説資料、p.25より）。

表3-4　中学校数学科の解答類型の例

解答類型

問題番号		解　答　類　型	正答
6 (2)		（正答の条件） 次の(a)，(b)又は(a)，(c)について記述しているもの。 (a)　1枚の重さを28 gとしたときのグラフと1枚の重さを32 gとしたときのグラフの x 座標が45000である点に着目すること。 (b)　上記(a)に対応する y の値の差を求めること。 (c)　上記(a)に対応する2点間の y 軸方向の距離を読むこと。	
		（正答例） ・　1枚の重さを28 gとしたときのグラフと1枚の重さを32 gとしたときのグラフについて，x の値が45000のときの y の値の差を求める。（解答類型1） ・　1枚の重さを28 gとしたときのグラフと1枚の重さを32 gとしたときのグラフについて，x の値が45000のときの2点間の y 軸方向の距離を読む。 （解答類型4）	
	1	(a)，(b)について記述しているもの。	◎
	2	(a)について，x を用いた記述がなく，(b)について記述しているもの。 （正答例） ・　2つのグラフが45000 gのときの y の値の差を求める。 ・　45000 gのときの y の値の差を求める。	○
	3	(b)についての記述が十分でなく，(a)について記述しているもの。 （正答例） ・　2つのグラフの x の値が45000のとき，枚数の差を求める。 ・　2つのグラフの x の値が45000のときの y の値を読む。	○
	4	(a)，(c)について記述しているもの。	◎
	5	(a)について，x を用いた記述がなく，(c)について記述しているもの。 （正答例） ・　2つのグラフが45000 gのときの2点間の縦方向の距離を読む。	○
	6	(c)についての記述が十分でなく，(a)について記述しているもの。 （正答例） ・　2つのグラフの x 座標が45000のときの縦方向の距離を読む。	○
	7	(a)について，x を用いた記述がなく，(b)についての記述が十分でないもの。	
	8	(a)について，x を用いた記述がなく，(c)についての記述が十分でないもの。	
	9	(a)のみを記述しているもの。（(a)について，x を用いた記述がないものを含む。）	
	10	(b)のみを記述しているもの。（(b)についての記述が十分でないものを含む。）	
	11	(c)のみを記述しているもの。（(c)についての記述が十分でないものを含む。）	
	12	グラフを用いることについて記述しているが，(a)，(b)，(c)について記述していないもの。	
	99	上記以外の解答	
	0	無解答	

解答類型の書き方は、数学科も国語科とほぼ同様になっています。

　このようにして解答類型は、ルーブリックのように資質・能力の達成状況を段階別に示すという方式ではなく、正答と判断できる条件を複数示して、その組み合わせタイプによって典型的な正答例を示して解答を採点できるようにするものです。

　実際の学校での採点場面では、毎回こうした完成度の高い綿密な採点シートを作成することは難しいので、少なくとも正答の条件を複数明示して採点に臨むようにするだけでもよいでしょう。記述式問題の採点を感覚と経験にだけ頼るのではなく、逆に採点の難しさから記述問題を定期考査に入れないようにするのでもなく、妥当性のある条件や判断基準を明確にして説明責任の果たせる採点の在り方を工夫するようにしてください。

4　具体的な学習評価の技法

(1) 創作力を見る作品評価法

　「主体的・対話的で深い学び」においては、生徒が粘り強く取り組む「核になる活動」を設定することが大切です（拙著『「深い学び」実践の手引き』教育開発研究所、chapter 3 を参照）。

　最もお勧めしたい「核になる活動」は、国語科や外国語科などでアウトプット型の資質・能力である創作力を育てる作品製作の活動です。例えば、時間はかかりますが、物語文や説明文、意見文、鑑賞文、短歌・俳句、スピーチ原稿、プレゼンテーション原稿などを創作する活動をしっかりと実践しましょう。実技系教科においては、言うまでもなく作品製作は教科の中心的な活動です。例えば、図画工作科・美術科での絵画や彫塑の作品づくり、音楽科での楽譜づくり（作曲）、技術・家庭科でのものづくり、保健体育科での創作ダンスなどが代表的な創作活動です。

　こうした創作表現は、最終的には発表、朗読、スピーチ、演奏、実演、

表現などのパフォーマンス活動に発展していきますから、次節のパフォーマンス評価と関連付けて理解しましょう。

　このような作品評価に共通するポイントは、次の3点です。

【作品評価のポイント】

①評価の観点として、「構想力（作品の構成・デザインのよさ）」「表現技法の活用」「主題や主張の明確さ」「知識・技能の活用」「作者の個性」などを設定する。

②基準となる作品（採点結果を代表する作品のこと。アンカー作品ともいう。）を選んで残しておき、採点の信頼性や一貫性を保つようにする。数年間は、保管しておく。

③大きな作品は、写真に撮っておいてポートフォリオ化してクラウド上に評価履歴として残しておき、アンカー作品を蓄積する。

　この中で最も大切であるのに見落としがちなポイントは、評価観点に「作者の個性」を入れることです。確かにこの点については、評定のためにルーブリックを使う場合には、客観的な評価が難しくなるため、観点に入れることをためらわれるかもしれません。

　しかし、「主体的・対話的で深い学び」においては、「主体的な学び」の中に、こうした「個性の尊重」といった要素をぜひとも入れて欲しいのです。なぜなら、生徒同士がお互いの個性を尊重し、「認め合いのある学習」にすることで、生徒の学習意欲が高まるとともに、「主体的・対話的で深い学び」が学級づくりによい影響を生み出すことになるからです。

　ただし、学習評価の妥当性を高めるためには、それぞれの作品に見られる個性の具体的な姿を例示して、ルーブリックとともに明示しておくことが大切です。

　ここでは、美術科と家庭科で作品評価のために用いるルーブリックの参考例を載せておきます（表3-5、表3-6）。

表3-5　美術科における木工作品の作品評価のためのルーブリック

評価の観点／評価のレベル	作品の構成	表現技法の活用	作者の個性
レベルA	作品のイメージが特に明確であり、形や動きの全体的なまとまりが優れている。	木工作品に求められる表現技法の全てについて優れた力量を発揮している。	作品を見る者に驚きや感動をもたらす独自性があり、作者の個性が表れている。
レベルB	作品のイメージが明確であり、形や動きがしっかりとしていて、全体のまとまりがよい。	形の切り抜きが正確で、彩色、ニス塗り、のり付けがきれいにできている。	作品のイメージがユニークであり、彩色、部品の形状、動きなどが独自性をもつ。
レベルC	作品のイメージは明確であるが、形や動きの全体的なバランスがとれていない。	形の切り抜き、彩色、ニス塗り、のり付けなどが丁寧になされていないところがある。	作品のイメージが一般的であり、彩色、部品の形状、動きなどに工夫が少ない。

表3-6　家庭科における創作レシピの作品評価を行うためのルーブリック

評価の観点／評価のレベル	栄養面での工夫	調理技法の活用	オリジナリティー
レベルA	三大栄養素をバランスよく含むとともに、ビタミン、ミネラル、食物繊維にも配慮したメニューになっている。	煮る、切る、盛り付けるという3つの技法に加えて、配色や味付けについて優れた力量を発揮している。	料理を食べる者に驚きや感動をもたらす独自性があり、人への思いや作者の個性が表れている。
レベルB	糖質・タンパク質・脂質の三大栄養素をバランスよく含んだメニューになっている。	煮る、切る、盛り付けるという3つの習得すべき技法がしっかりと発揮されている。	料理のイメージがユニークであり、彩り、食材選択、盛り付けなどが独自である。
レベルC	三大栄養素の全体的なバランスがとれていない。	煮る、切る、盛り付けるという技法が丁寧になされていない。	料理のイメージが一般的であり、工夫が少ない。

(2) 知識構造化力を見るレポート評価

　「主体的・対話的で深い学び」でお勧めしたい「核になる活動」の二つ目は、レポート作成です。社会科や理科、そして技術・家庭科などで、調べたり実験したり、ものづくりをしたりした成果と課題を、Ａ４版で２枚から３枚程度のレポートとしてまとめる活動を単元の終段に設定しましょう。こうした調査や実験、ものづくりを行う「主体的・対話的で深い学び」では、生徒が主体的・協働的に知識や情報を構造化して、研究報告書や製作報告書となるレポートを作ることができるようにするとよいでしょう。もちろん、レポートも生徒が製作する作品の一種ですから、ルーブリックを活用した作品評価の特徴が全てあてはまります。

　文字数を少なくして要約力を育てるレポートの新しい形式として、はがき新聞がありますので、活用をお勧めします。はがき新聞とは、公益財団法人理想教育財団が作成した、はがきサイズの用紙にミニ新聞形式で子どもたちが自分の思いを綴っていくものです。青色の罫線があらかじめ印刷されているために、きれいに書けることやカラフルな色で彩色できること、そして20分もあれば1枚のはがき新聞を完成させられることなどが、生徒の学習意欲をかき立てる特徴になっています。

　こうした100字から200字程度の書きやすい文字数の中で、三つの段落に整理しながら叙述に即して自分の豊かな読みと考えを表現する学習を、国語科の様々な単元で継続して積み重ねていくことで、しっかりとした記述力が育っていくのです。

　はがき新聞は、特別活動で生徒たちが取り組んでいる学級活動の表現ツールとしても活用できますし、道徳科でも自分の生き方を深く考えて決意を込めて自己宣言するツールとして大変効果的です。生徒が書いたはがき新聞を教室掲示しておけば、生徒の思いや考え方を共有し認め合う連帯意識を高めることにもつながります。詳細は、公益財団法人理想教育財団のホームページ（https://www.riso-ef.or.jp/）で掲載しています。

　このようなレポート評価に共通するポイントは、次の5点です。

【レポート評価のポイント】

①評価観点として、「構成の工夫」「記述と根拠の明確さ」「知識の活用」「表現技法の活用」などを設定する。

②基準となる作品（採点結果を代表する作品のこと。アンカー作品ともいう。）を選んで残しておき、採点の信頼性や一貫性を保つようにする。数年間は、保管しておく。

③科学的なレポートでは、構成は、問題意識→研究目的・方法→調査・実験の計画→データや資料の整理→考察→今後の課題→引用文献、などになっているかどうか評価する。

④プロジェクト・レポートでは、構成は、現状の分析と改善の課題→目標の設定→実施計画の立案→計画の実施→プロジェクトの成果と課題→参

考文献、などになっているかを評価する。

⑤表現技法については、引用の出展が明確であること、意見と事実を書き分けていること、データや資料に基づいた結論を導いていることなどが、評価の観点となる。

　ここでは、まず社会科における「深い学び」につながる「見方・考え方」を評価の観点に入れたルーブリックを紹介します（表3-7）。このルーブリックは、生徒が社会科の地理分野の学習で、中国四国地方の過疎地域の活性化の在り方について調べたことをまとめた社会科レポートを採点するものです。社会科で求められている「多面的な考察ができている」ことをレベル分けの基準としています。学習指導要領では、生徒が「見方・考え方」を働かせることを求めていますので、その達成状況を、レポートを評

表3-7　中学校社会科におけるレポートを採点するルーブリック

	環境的条件	地域間のつながり	人間の営み
レベルA	過疎地域が活性化するための方法を、その地域の環境的条件から多面的・多角的に考察し・論述している。	過疎地域が活性化するための方法を、他地域とのつながりから、多面的・多角的に考察し、論述している。	過疎地域が活性化するための方法を、人の移動や産業を根拠として、多面的・多角的に考察し、論述している。
レベルB	過疎地域が活性化するための方法を、その地域の環境的条件から一面的に考察し・論述している。	過疎地域が活性化するための方法を、他地域とのつながりから、一面的に考察し、論述している。	過疎地域が活性化するための方法を、人の移動や産業を根拠として、一面的に考察し、論述している。
レベルC	過疎地域が活性化するための方法を、その地域の環境的条件から考察していない。	過疎地域が活性化するための方法を、他地域とのつながりから、考察していない。	過疎地域が活性化するための方法を、人の移動や産業を根拠として考察していない。

表3-8　総合的な学習の時間のプロジェクト・レポートを評価するルーブリック

評価の観点／評価のレベル	課題意識と目標設定	計画と評価の記述	表現技法の活用
レベルA	課題意識とプロジェクトの目標が明確に記述されているとともに、プロジェクトの意義や価値が説得的である。	プロジェクトの計画が具体的に順序よく書かれている。さらに、プロジェクト評価の根拠が明確で妥当性がある。	事実と意見の書き分け、引用の仕方、データのまとめ方に加えて、主張の書き方、反省点などについても明確である。
レベルB	課題意識とプロジェクトの目標が明確に記述されている。	プロジェクト計画とプロジェクト評価の結果が明確に記述されている。	事実と意見の書き分け、引用の仕方、データのまとめ方などが適切である。
レベルC	プロジェクトを実施するための課題や目標が明確に記述されていない。	プロジェクトの計画と評価の記述に明瞭性や根拠が十分に見られない。	事実と意見の書き分け、引用の仕方、データのまとめ方などが十分でない。

価の材料として見ていくのです。

　二つ目のルーブリックは、総合的な学習の時間で生徒たちが作成したプロジェクト・レポートを評価するためのルーブリックです（表3-8）。学習成果をまとめるプロジェクト・レポートでは、課題意識から研究の目的・方法、実践の評価結果とまとめまでがしっかりと書けているかどうかを見ます。

(3) 思考力や表現力を測るパフォーマンス評価

　パフォーマンス評価とは、朗読、演技、スピーチ、プレゼンテーション、実験（器具の組み立てなど）、演奏、歌唱、運動、調理、ものづくりなどの実演的活動を行わせ、そこで示された技能の熟達度や知識の活用度について評価をする方法です。

　パフォーマンス評価に最も適した評価ツールは、ルーブリックです。なぜなら、パフォーマンスを評価するときには、複数の観点で資質・能力の達成状況についてレベル別の評価をする必要があるからです。具体的な例を挙げると、アイススケートや体操、アーティスティックスイミングなどの競技で行われる採点方式と共通点が多いのです。

　厳密な数値で順位が決まる陸上競技や水泳競技などとは異なり、採点方式による順位付けでは、複数の観点で点数が採点者ごとに出されて、演技者毎に合計点が集計されます。さらに採点者の主観性を最小限にするために最高得点と最低得点がカットされることもあります。また、内規でそれぞれの点数には、詳細な技能毎の得点が決められています。

　つまり、パフォーマンス評価とは、厳密な数値評価で一義的にレベル差が特定できない実演的活動において、観点ごとにレベル差を明示した判断基準を設定しておくことで、知識・技能の熟達度を評価する方法であると言えるでしょう。作品評価もパフォーマンス評価の一部であるという定義もありますが、本書では両者を区別しています。

　ここでは、体育科のダンスの実演を評価するためのルーブリックと総合的な学習の時間のプレゼンテーションを評価するためのルーブリックを紹介します（表3-9、表3-10）。

表 3-9　体育科でダンスの評価を行うルーブリック

評価の観点／評価のレベル	課題意識と目標設定	計画と評価の記述	表現技法の活用
レベルA	全体の構成にオリジナリティーがあり、変化に富んだ各場面が連続的に表現されている。音楽の特徴を十分に捉えて表現している。	ステップ、身体表現、隊形、表情などの技法がしっかり活用できており、独創的なアイデアが生かされた個性的な表現である。	メンバー全員のイメージの共有化がしっかりとしており、チームの個性と高度な技術がバランスよく発揮されている。
レベルB	構成がしっかりしており、各場面の連続性や音楽との関連性も取れている。	ステップ、身体表現、隊形、表情などの技法がしっかりと活用されている	一致した動きとメンバーの個性的な動きの調和が取れている。
レベルC	全体の構成があいまいであり、音楽のリズムや場面イメージと表現が合っていないところがある	ステップ、身体表現、隊形、表情などの技法がほぼ習得されているが、十分に洗練されていない。	一致した動きでの統一感が不足しており、一人一人の個性を生かす場面がない。

表 3-10　総合的な学習の時間でプレゼンテーションの評価を行うルーブリック

評価の観点／評価のレベル	課題意識と目標設定	計画と評価の記述	表現技法の活用
レベルA	調査や実践の成果と課題が深い考察や意義づけとともに発表されている。全体構成もしっかりとしており、反論に対する配慮もある。	表現技法の活用に優れているだけでなく、聞き手とのコミュニケーションがとれており、相互啓発の空間が構成されている。	内容構成、資料作成、発表の各場面でチームワークがよく発揮されている。メンバーの個性が見える発表である。
レベルB	グループで調査したり実践したりしたことが、構成よく整理されて伝えられている。	資料作成、役割分担、明瞭な発声、主張点の明確化、時間管理などの点で優れている。	内容構成、資料作成、発表の各場面でチームワークがよく発揮されている。
レベルC	発表内容に深い考察や意義づけがされていないために、表面的な紹介に終わっている。	プロジェクトの計画と評価の記述に明瞭性や根拠が十分に見られない。	内容構成、資料作成、発表の各場面でチームワークが十分に発揮されていない。

【パフォーマンス評価のポイント】

①評価者の主観性が少なからず入ってくるため、それを排除するためには、複数の教師で評価を行いながら、判断基準を分かりやすく書き換えたり、判断基準の難易度を調節したり、レベル数を調節したりする。

②ルーブリック評価は絶対評価であるように見えて、実は基準設定が集団の実態と無関係に厳密に設定できないため、判断基準の難易度を決めるときに、集団における人数割合をあらかじめ想定することが必要である。

③合唱やグループダンス、群読、グループ・プレゼンテーションなどのように、数名で協力して行う実演的活動のパフォーマンス評価について

は、生徒の個人毎に行う評定にはなじまないため、授業中の生徒同士の相互評価やグループでの反省・改善を行わせる自己評価として実施する方がよい。ただし、グループ得点を個人得点と同一とする場合には、この限りではない。

(4) 目標達成力を判断するプロジェクト評価のルーブリック

プロジェクトとは、決められた期間内に限られた予算を用いて、ある共通の目標の達成のために、異なる多様な能力をもつ人々がチームを構成して取り組む共同作業のことです。このような特徴をもつことから、プロジェクトは、柔軟な集団編成によって、多様な能力を総合的に発揮しながら現代社会の問題を短期的に解決することを得意としています。問題が複雑であるからこそ、答えがあらかじめ分かっていないからこそ、いわゆる異能集団がその総合力を発揮して問題解決に取り組むことが必要とされています。

そこで、21世紀型の新しい資質・能力として、21世紀を生き抜く全ての生徒に、このプロジェクト方式による目標達成力や企画実践力を身に付けさせることが緊急の課題になっています。

ですから、プロジェクト評価とは、チームで企画し実践したプロジェクトの成果と課題を明らかにすることです。そこには、多面的・多角的な評価が必要になりますから、ルーブリックを必要とするのです。

例えば、総合的な学習の時間が、生徒のプロジェクトを実践する時間として最適です。では、どのようなプロジェクトがあるのでしょうか。

まず、一つ目のタイプは、「フェスティバル系」のプロジェクトです。環境フェスティバルや国際交流フェア、郷土物産フェスタ等のように、地域の人々を学校に招いて、環境や国際交流に関わる様々な啓発イベントを開催します。

二つ目は、「シンポジウム系」のプロジェクトです。これは、参加者間の討論や質疑応答を通したコミュニケーションを活性化するためのものです。シンポジウム以外にも、パネルディスカッション、ディベート大会、サミット、スピーチ大会などを開催することもあります。

三つ目に、「起業系」のプロジェクトを挙げておきましょう。「キッズマートをひらこう」や、中学校や高等学校では企業の経営シミュレーションを行うために、「バーチャル株式投資をしよう」や「コマーシャルをつくろう」といったカリキュラムも開発されています。

　四つ目には、「作戦実行系」というタイプのプロジェクトもあります。「学校クリーン作戦に取り組もう！」といった学校の美化作戦や環境ボランティア活動を実践したり、「地域のゴミ０作戦に挑戦！」というような地域の環境をきれいにする取組を行ったりするのです。

　最後に、五つ目として、「ふれあい系」のプロジェクトでは、保護者にこれまで育ててくれたお返しをしたり、地域のお年寄りや障害者に喜んでもらえるパーティーや交流会を開催したりします。

【プロジェクト評価のポイント】

①生徒が実施する評価であるため、生徒に分かりやすい表現を使って、やさしいルーブリックを作ることが大切になる。

②評価の観点は、発達段階によって五つで多すぎる場合には、三つにしてもよい。

③時間が許せばプロジェクト評価のルーブリックを生徒に自作させるとよい。

　ここでは、主に総合的な学習の時間で用いられるプロジェクト評価のためのルーブリックを紹介しましょう（表3-11）。

　評価の観点として、「目標と課題の設定」「計画づくり」「活動の充実度」「社会貢献」「チームワーク」という五つを挙げています。あくまでも参考例ですので、この他の観点、例えば、「ICTの有効活用」「地域人材との交流」「レポート作成とプレゼンテーション」などを挙げることもできます。各学校で総合的な学習の時間で大切にしている重点目標を参考にして設定するとよいでしょう。

　また、このルーブリックを用いて生徒に自己評価をさせる時には、①グループでの対話を通して気付きを深める、②プロジェクト・ポートフォリ

表3-11　生徒が活用するプロジェクト評価のためのルーブリック

評価の観点／評価のレベル	目標と課題の設定	計画づくり	活動の充実度	社会貢献	チームワーク
レベルA	プロジェクトを通して身につけたい力を複数にわたり明確に決めることができた。また、学習課題についても高度なことに挑戦し、具体的にグループで決めることができた。	プロジェクトの計画段階に含まれる多くの活動に積極的に集中して取り組むことができた。グループで提案した活動が社会貢献につながることを十分に検討した。	プロジェクトに含まれる多くの活動に積極的に集中して取り組むことができた。グループの提案で独自な企画が実践できた。大きな充実感を感じている。	社会貢献的な活動をやり遂げることができ、評価アンケートの結果からもプロジェクトの成果が大きいことが分かった。グループの反省や課題も明確にできた。	プロジェクトのどの段階でもしっかりと意見を出し合って協力して進めることができ、メンバー全員の個性や持ち味が生かせて達成感が高まった。
レベルB	プロジェクトを通して身につけたい力を明確に決めることができた。また、学習課題についても具体的にグループで相談して決めた。	時間や難易度、役割分担、役に立つ活動の決定など、計画段階で必要な作業に集中して取り組むことができた。	資料収集、体験活動、広報活動、まとめ、発表会の準備などに集中して取り組むことができて、充実感を感じている。	学校や地域の人々のためになる活動をやり遂げることができ、発表会では、肯定的な感想をいただくことができた。	プロジェクトの企画・実践・発表・評価のどの段階でも、メンバー全員で協力して進めることができた。
レベルC	学習課題を事前に具体的にしっかりと決めきれなかったために、目的や意義があいまいなままであった。	計画段階で必要な活動のいくつかでは、全員で集中して取り組むことができないことがあった。	プロジェクトに含まれる活動のいくつかでは全員で集中して取り組むことができないことがあった。	学校や地域の人々のためになる活動を企画し実践したが、十分な成果をあげられなかった。	ときどきメンバー間の意見の食い違いが解消できず、協力関係が弱くなるときがあった。

オに蓄積してきた資料をエビデンスとして妥当性の高い評価を心がける、③レベルCやレベルBの項目に○をつけたときには、学習改善の具体例を考えさせる、などの留意点が必要になるでしょう。

パフォーマンス評価のために定期考査の回数を減らしませんか？

現在、多くの中学校では、定期考査を年間5回実施しています。2学期制をとっているところでは、中間考査と期末考査をあわせて年間4回実施しているようです。その一方で、定期考査を廃止して、小学校のように全て単元テストにしている中学校も出てきています。

私は、どの方法も本書で提案しているようなルーブリックを用いた作品評価とパフォーマンス評価を組み入れた学習評価を実施するためには、適切ではないと考えています。

なぜなら、ルーブリックを用いた評価を実施して、生徒の「思考・判断・表現」と「主体的に学習に取り組む態度」の両方の観点から学習状況を捉えようとすると、生徒にとっても教師にとっても、時間的にも労力的にも、大きな負担になるからです。

負担を増やさないために、ルーブリック評価の導入はやめようと考えるのではなく、「知識・技能」の評価に偏りやすいこれまでのペーパーテストによる定期考査を2回分減らし、そこにルーブリック評価を入れて、両者のベストミックスを探っていくことを提案したいと思います。

つまり、「知識・技能」と「思考・判断・表現」の評価のための定期考査と単元テスト、さらに、「思考・判断・表現」と「主体的に学習に取り組む態度」に関わるルーブリック評価をうまく組み合わせて、各学校で適切な評価マネジメントを実施してほしいのです。

それこそが、新学習指導要領が求める多様な資質・能力のための「指導と評価の一体化」につながっていきます。

第4章

「主体的に学習に取り組む
態度」をこう評価する

中央教育審議会の教育課程部会から、「児童生徒の学習評価の在り方について（報告）」（平成31年1月）という文書が出て、新学習指導要領に沿った学習評価の基本的な性格が定まりました。

　その中では、新しい学習評価の観点となった「主体的に学習に取り組む態度」とは、「粘り強い取組を行おうとする」ことと、「自らの学習を調整しようとする」ことであると示されました。また、後者については、「自らの学習状況を把握している」ことと、「試行錯誤している」ことという二つの特性が挙げられています。

　こうした学習評価に関する指針が出されたことは、中央教育審議会において初めてのことですので、各学校がこれから「主体的・対話的で深い学び」の実現に向けて学習評価の在り方を検討する際に参考にすべきものであり、歓迎すべきことです。

　しかし、校長先生をはじめとする学校の先生方も各教育委員会も、「これだけでは抽象度が高くて学校では学習評価の在り方を具体化できない」「自己調整している姿が各教科や領域の生徒の学びの姿としてイメージできない」「そのため何をどう評価すればよいか分からない」といった声が大変多く挙がっています。

　実際に、全国の都道府県教育委員会や政令市教育委員会が発行している学習評価に関するパンフレットにおいても、具体的に自己調整する学びの姿の具体例を単元の活動内容に即して示している例は皆無ですし、指導要録に記載できるほどの高い客観性と信頼性のある学習評価の方法を提案している例もありません。

　どの文書でも曖昧なイメージを列挙しているだけであり、各学校での学習評価の取組のモデル事例になり得ていません。ただ、中央教育審議会の先述した「報告」の文書をそのまま引用しているに過ぎないのです。このままでは、新しい学習指導要領に即した新しい学習評価が生まれるはずはありません。

　また、国立教育政策研究所が発行した「『指導と評価の一体化』のための学習評価に関する参考資料」においては、各教科の単元例に則した学習評価の例示はなされていますが、指導要録に記載可能な客観性と信頼性の

ある評価方法の具体例を提示するまでには至っていません。

その中でも特に、「主体的に学習に取り組む態度」は、理解することが大変難しいため、具体的な学習評価の方法はほとんど考案されないままになっているのが現状でしょう。

そこで、本章で新学習指導要領の趣旨に即したこれからの学習評価の在り方の具体例を、特に「主体的に学習に取り組む態度」に特化して提案することが不可欠であると判断しました。

まだ始まったばかりの実践研究ですが、これまでの学習評価に関する先行研究の成果を採り入れながら、中央教育審議会の「報告」の趣旨も生かして、各学校で採用可能な具体的な評価方法をルーブリック法に基づいて提案します。

各学校におかれましては、ここで提案している評価方法を参考にして、各学年での全教科・領域での学習評価に応用してくださることを願っています。

なお、本章で学習評価という場合には、指導要録に記載可能な観点別学習状況の評価の評価語（A・B・C）を決定することを意味しています。したがって、教師による生徒の行動観察や補助簿への記入など、学習指導案に記載する評価規準や評価方法を用いた授業中での学習評価をほとんど対象にしていないことに留意してお読みください。

1 「主体的に学習に取り組む態度」とは何か

(1) すでに「学校教育法」の第30条で唱われていた用語

「主体的に学習に取り組む態度」という用語は、新しい資質・能力の提案であるように感じられるかもしれませんが、実はそうではありません。すでに平成19年12月26日に施行された新しい学校教育法の第30条に、「主体的に学習に取り組む態度を養うことに、特に意を用いなければならな

101

い。」と記載されたのが最初なのです。

　したがって、今般の新しい学習評価の在り方で提案された3観点は、すでにこの一部改正された17年も前の法律で示された三つの学校教育の目標と一致させたというのが事実です。

　その意味で、新しい学習指導要領が提案する「主体的・対話的で深い学び」という授業改善の視点の中でも、特に「深い学び」については、この法律では学習評価の対象になっていないことに注意が必要です。

　しかしここでは、古い法律の適用の是非を検討することが目的ではありませんから、今となっては育成すべき資質・能力の一つとして狭さと古さを感じさせるものですが、「主体的に学習に取り組む態度」の学習評価という喫緊のテーマについて具体的に考えていくことにしましょう。

(2) 「報告」で示された定義

　先に引用した「報告」では、どのように定義しているでしょうか。

　「主体的に学習に取り組む態度」の具体的な評価の方法としては、ノートやレポート等における記述、授業中の発言、教師による行動観察や、児童生徒による自己評価や相互評価等の状況を教師が評価を行う際に考慮する材料の一つとして用いることなどが考えられる。その際、各教科等の特質に応じて、児童生徒の発達の段階や一人一人の個性を十分に考慮しながら、「知識・技能」や「思考・判断・表現」の観点の状況を踏まえた上で、評価を行う必要がある。

（中央教育審議会「報告」p.13）

　この定義では、「評価の対象」を材料という用語で示していますが、評価の方法を示す上で不可欠となる判断基準の必要性についての指摘が全く含まれていません。しかしながら、学習評価には「評価の対象」を示しただけでは不十分であり、「評価の基準」（筆者は評価規準との違いを明確に示すために判断基準という用語を使っています）を示さなければ、ペーパーテストで評価できない、また、評価が難しい、生徒の学習態度を評価することはできません。

なぜなら、学習態度は生徒の行動面や学習成果を記録した作品に表れてくるのですが、そこでの態度面の表出には個人差やレベル差があるために、判断基準を用いることなくして態度面の観点別学習状況の評価は不可能だからです。

したがって、文部科学省から「主体的に学習の取り組む態度」に関わる評価の判断基準が示されていない以上、実際には、各学校で指導要録の記載に耐えうる「主体的に学習に取り組む態度」の学習評価は、不可能であると言って間違いありません。

また、この文章では、「評価」という言葉が、指導要録での観点別学習状況の評価における評価語を決めることまで含んでいるかどうかは、不明なまま曖昧にされています。つまり、授業中での教師による観察を主としたフィードバックによる指導的評価であるのか、それとも、指導要録での観点別学習状況の評価であるのかを厳密に区別することは、両者の評価の基準や方法そして求められる妥当性や信頼性が大きく異なるためにとても重要なのですが、この定義では曖昧になっているため、何となく特徴を理解するというレベルにとどまっているのです。

2 「粘り強い取組」とは何か

前述の「報告」や「通知」の別表4においては、何度も生徒の「粘り強い取組」を評価することの必要性が述べられていますが、具体的な学習評価の在り方は示されていません。つまり、「粘り強く考える」ことがたびたび「評価の観点の趣旨」として文章記述されていますが、その一方で、生徒の「粘り強い取組」の姿を具体的に文字化して、具体的に何を見取って（評価の対象）、どのような基準や指標をもとにして（判断基準）、どのような評価の技法を用いて（評価技法）、評価をすればよいかは全く示されていないのです。

おそらく、各学校においても、粘り強いという表現は日常的によく使う用語であるために、感覚的に何となく分かったような気になってしまい、その定義や評価方法について、具体的に指導要録の記載に耐えうる形で考え抜くことなくやり過ごしているのではないでしょうか。

　そのためおそらく各学校においては、「粘り強い取組」といえば、ドリルプリントの達成枚数が多いとか、ミニテストのお直しを全部提出しているとか、ノートに毎時の振り返りをしっかり書いているとか、自学ノートのページ数が多いとか、定期考査前の放課後に廊下の自学スペースで勉強しているというように、回数や時間を明確にカウントできる行動記録を指標にしていることも少なくないでしょう。前述の「報告」で、授業中の挙手の回数や毎時間ノートをとっているかなど、「性格や行動面の傾向が一時的に表出された場面を捉える評価」をすることは否定されたため、少し対象を変えてはいても、こうした努力賞的な行動を「主体的に学習に取り組む態度」の評価の対象としている状況は正しくはありません。

　それらが正しい評価の対象ではない理由は、「性格や行動面の傾向が一時的に表出された場面」であるからだけでなく、そうした行動の回数や時間は、教科の特質に応じて教科別に行われる観点別学習状況の評価にふさわしくないからなのです。

　言い方を変えれば、「粘り強い取組」とは、知識・技能を活用して、思考力・判断力・表現力を発揮しながら、各教科の特質に応じた問題解決や学習改善に生徒が粘り強く取り組むことを意味しているからなのです。

　しかし、文部科学省から出された学習評価に関する指針や例示が、ほとんど具体的でなく、判断基準を示したものではないために、各学校で新しい学習評価の具体的なイメージがもちにくいのです。

　さらに、「粘り強い取組」を評価するといっても、とても難しい困難があと三つ予想されます。

　一つ目の困難点は、生徒の「粘り強い取組」は時間をかけたプロセスで生じるものであることから来ることです。5分や10分程度で完成した記述や作品、リハーサルや練習を、一般的には「粘り強い取組」とは言わないでしょう。多様な教科を想定する中では、一律に何分という時間の長さを

定義できるわけではありませんが、少なくとも授業の中では30分程度、単元のスパンでは2〜3時間、そして思考力・判断力・表現力を身に付けるための粘り強い取組では、1学期間でも短いかもしれません。

　そうすると、「粘り強い取組」の学習評価には、よく考えてみると、教師による授業中の行動観察による学習評価はあまりふさわしくないことが分かります。一人の子どもの「粘り強い取組」を見取るには、繰り返して継続的に観察し続けることが大切で、小学校や中学校ではそうした時間的なゆとりが保障されているとは言えないからです。逆に、幼稚園や特別支援学級などでは一人一人の子どもの長期的な行動変容をしっかりと記録して「粘り強い取組」を実際に評価していますが、教師対児童生徒の人数比率の見直しがなければ、小学校や中学校では実質的に無理でしょう。

　しかも、前述の「報告」にも「通知」にも、本章で提案する生徒の作品を対象にしたルーブリック評価法は含まれていませんので、どのような方法によって学習評価をすればよいのかが分からなくなってしまいます。

　次に、時間という視点で、もう一つの困難点が予想されます。

　それは、活動時間の画一的な設定という問題です。最近では、授業中の一つの活動にかける時間を教師が決めて設定することを慣例としている学校が大変多くなってきました。確かに学習内容が過密で年間授業時数が限られている状況では、欧米で行われているような自由進度学習や契約学習、一日を大くくりとして学習課題を設定する個別探究学習などは、日本の公立学校では大変実施が難しいのです。一つの活動には、通常10分程度の時間が学級の全ての生徒に一律に与えられるため、生徒が自分の個性や個人差に合わせて「粘り強い取組」をしようにも、形式的な公平性のためにそれができないのです。

　そうした画一的な公平性を見直すことなくして、個の特性によって望ましい、時間の長さが異なる「粘り強い取組」が、そもそも実現できると考えることはできません。

　三つ目は、特に学力が高く、高度な学習課題を容易に達成してしまう生徒が、「粘り強い取組」を評価の対象にされてしまうと不利になるという困難点です。

おそらく平均的に見て、学年発達や学級規模にもよりますが、通常の教科書のレベルの問題であれば、塾や家庭教師から事前に学んでいることも加えると、学級内の3名程度の生徒は、特に「粘り強い取組」を行わなくてもすいすいと短時間に解決して、その過程や結果をノートに書いたり発表したりすることが、多くの教科でできてしまうでしょう。

　そのため、「粘り強い取組」というほどの時間もかけず、理解できないこともなく修正や改善をしなくても初発の問題解決だけでいつも正解に達してしまうので、「主体的に学習に取り組む態度」の評価結果が低く出てしまうことになりかねません。

　前述の「報告」では、このような状況で同じ生徒が3観点の評価で「AAC」となることも想定していますが、その場合にはその生徒への支援をしたり、学習や指導の改善を行ったりすることが求められるとしています。しかし、そうした対応策よりも、「粘り強い取組」の定義をしっかりと行い、そうした学力の高い生徒たちに固有の「粘り強い取組」の姿について、公平性を担保して具体的に示す方がより重要です。

　ただし、こうした学力が高い生徒の固有な「粘り強い取組」を、より高い学習課題の設定により定義すること、例えば、粘り強く発展問題にもチャレンジしているとか、新たな学習課題を考えて粘り強く文章化しているとか、上の学年の学習目標に取り組んでいることなどにしてしまうと、教育における公平性の問題が生じてきますので注意が必要です。これを実施する場合には、生徒との共通理解を得ることが必須です。

　以上、とても長い解説になってしまいましたが、「粘り強い取組」といっても、指導要録の記載に耐えうる公平・公正な観点別学習状況の評価を行うときには、その用語のやわらかい響きから分かったような気になってしまうのですが、その評価方法の具体化は、多くの問題が未解決のまま横たわっていると言えるのです。

　しかし、問題点ばかりを考えていても前向きな提案にはなりませんから、筆者が考える「粘り強い取組」と言える生徒の学びの姿はどのようなものであるかを例示してみることにしましょう。これらの想定される姿は、あくまでも指導要録の記載を前提にした観点別学習状況の評価のため

の評価資料を得るための評価の対象であることに留意してください。

【粘り強い取組の姿】

①初めは解けなかった問題に、異なる方法をいろいろとあてはめながら、あきらめずに解決できるように工夫して取り組んでいる。

②初めはうまく作ったり表現できなかったりしていても、友だちの作品や資料を参考にして、よりよいものになるよう改善している。

③自分とは異なる友だちの考えや意見をよく聞いて、よりよい考えや解決策、合意案を作り出したり発見したりしようとしている。

④実験や競技に失敗したり負けたりしても、手順や工夫をよく考えていたり作戦を練り直したりしてうまくいくように工夫を積み重ねている。

⑤習得した知識を活用して表現することができるように、自分の書いた文章を自己評価しながら書き直したり書き加えたりしている。

⑥授業中に示された条件を全て守れるように、課題解決や創作表現に取り組んでいる。

⑦思考や作業の手順が複数のステップからなっている学習課題や問題を解くときには、友だちと協力しながら最後のステップまでたどり着けるようによく考えて取り組んでいる。

⑧課題として出された教科レポートや教科新聞を作成することを通して、自分の学習過程と成果をメタ認知し、分かりやすい文章や図を使って説明している。

　なお、こうした粘り強い自己修正や学習改善の取組については、できれば、重点化した単元でレポート課題にして、上記の①から⑧を評価規準として参考にして、自分の学習過程を記述するよう求めることが大切です。

　そして、生徒が作成したそのような作品（プロセスレポートやメタ認知レポート）を材料として、判断基準を明確にしたルーブリックを用いて学習評価をすることになります。具体的なルーブリックの特徴と活用方法については、第5章を参照してください。

3 「自らの学習を調整しようとする」とは 何か

　「主体的に学習に取り組む態度」の二つ目の特徴は、前述の「報告」や「通知」においては、「自らの学習を調整しようとする」という表現になっています。これもまた、これまでの学校教育の場では使われてこなかった新しい考え方であるため、理解が難しいものです。教育学の専門用語では、自己調整学習（Self-Regulated Learning）という理論があり、それを援用していると捉えることができます。その理論は、次のような特徴をもっています。

　　ジマーマン Zimmerman, B. J. (1989) によれば、自己調整学習を身につけている学習者は、メタ認知、動機づけ、行動の三つの過程において能動的に関与しており、これらの過程が相互に機能することによって効果的な学習成果がもたらされるとしている。メタ認知の過程では、学習目標を設定し、自己をモニターしながら認知活動を行い、学習成果を自己評価することで、学習過程をつねに自覚しながら主体的なかかわりをもとうとする。動機づけの過程では、学習意欲を高くもつことで学習に対する努力と忍耐力を維持していこうとする。行動の過程では、学習に適した環境を選ぶ、学習に必要な情報や援助を求めるなどの具体的な行動を実行することで目標を達成しようとするものである。それぞれの過程では、学習を効果的に進行させるための種々の方略（学習方略 learning strategy）が使用される。自己調整学習に含まれる基本的な学習方略としては、自己評価、知識の体制化と変換、目標設定とプランニング、情報の探索、記録、自己モニタリング、環境構成、自己帰結、リハーサルと記銘、社会的援助の探求、記録のレビューが挙げられている。

　　　　　　　　　　（最新心理学事典、平凡社、2013年、pp.283-284より引用）

　つまり、自らの学習を調整しながら学ぶとは、最も簡潔にまとめるとするならば、次のような特徴をもつものと解釈できます。

【自己調整学習の特徴】

・自己の学習目標を設定する。

・自己の学習の計画を立てる。

・学習意欲を持って学習活動に粘り強く取り組む。

・自己の学習の様子をメタ認知（モニター）する。

・自己の学習を自己評価してより主体的に学ぼうとする。

・学び方や学習環境を選ぶ。

・学習に必要な情報や援助を求める。

・学習の記録をとる。

　しかし、これは大変難解な理論であり、実際に中学生がこの理論を自覚的・意図的に活用して学ぶようにすることは、大変困難なことです。しかも、自己調整学習に含まれるこれら一つ一つの行動や活動は、生徒がそれ自身を実行するだけでは十分なものではなく、「調整（regulation）」という用語が付けられていることから、「難易度の調整」「レベルの調整」「長さや時間の調整」「習熟度の調整」「集中度の調整」といった多くの面での自己の学習の微調整を生徒自身が行うことまで含みます。そのため、そのような微調整に必要となる時間と調整力の育成にかける時間が、決められた年間授業時間数において可能であるかの議論も実証的な研究もなく、急に提起されても実現が大変困難になるだけでしょう。また、学級の30人程度の生徒たちがそれぞれに自己調整を学習過程で様々な方法や程度において実施してしまうと、学級担任も教科担任も決められた単元の時間数では対応できなくなりますし、一斉指導やグループワークを計画的に行うことも難しくなってしまいます。

　したがって、特に、全教科・領域で、この理論が提案している学習方略を活用して生徒が学べるようにすることは、ほぼ不可能であると思われます。こうした海外の難解な理論を、具体的で実用的な指導方法や学習方法を例示することなく、中央教育審議会教育課程部会が提案したことは、新学習指導要領の完全実施のためには逆効果になるものであると判断せざるを得ません。

そのような難解さや実現の困難さを自覚してのことでしょう、先述の「報告」や「通知」では、理論的に提案された内容の一部のみ、つまり、「メタ認知」と「自己調整」という用語のみを取り上げてそれを理解しやすいシンプルな日本語に置き換えて、「自らの学習状況を把握している」ことと、「試行錯誤している」ことという二つの下位項目だけを取り上げているのです。

　ただし、筆者が行った今から35年ほど前の実践的な教育研究において、滋賀大学附属中学校の総合的な学習「びわ湖学習」の学習過程を調査したときに、自己調整学習理論における、学習目標や学習方略を変更・修正する過程としての「メタ認知的コントロール」と見なすことのできる、生徒による修正行動が多く出現していたことは、興味深いことです（拙著『総合的な学習で育てる実践スキル30』明治図書出版、2000年、pp.99-100、pp.135-144）。ただし、あくまでもそうした修正行動が多く出現するのは総合的な学習の時間においてであり、わが国の教科学習の内容的・時間的な制約条件の中では、自己調整における「メタ認知的コントロール」を主要な学習評価の観点や対象にすることは望ましいことではありません。

4　「主体的に学習に取り組む態度」に関する学習評価の特徴

　筆者は、「主体的に学習に取り組む態度」の特徴を、「自らの学習状況を把握している」ことと、「試行錯誤している」ことに置くことに反対しているわけではありません。それらは、「主体的・対話的で深い学び」の特徴の一部を表していることに間違いないからです。また、海外から輸入してきた自己調整学習という理論を国の教育施策に組み入れることが全て間違っていると指摘しているわけではありません。

　しかし、実現が大変困難であり、日本の学校での授業づくりの慣習や多くの規制、制約条件を無視して海外の授業の概念を日本の学校に丸投げす

ることに強い警鐘を鳴らしているのです。

　ただし、「主体的に学習に取り組む態度」という表現は、学校教育法に
定められた学力の3要素の一つであり、また、上述の「報告」や「通知」
で示された学習評価の改善の方向性は大きくは間違っていないことから、
批判だけでとどめることなく、以下に代替案として筆者なりの具体的な提
案をしたく思います。

(1) 「主体的に学習に取り組む態度」の学習評価の原則

　まず、「主体的に学習に取り組む態度」の学習評価の在り方について、
原則的な観点から考えていきましょう。本章では、あくまでも指導要録に
記載可能な観点別学習状況の評価としての学習評価の在り方を考えている
ことを前提にしてお読みください。

　その原則は、次のような8個のポイントになります。

【学習評価の原則】

①保護者や生徒に説明責任を果たし、評価の客観性を担保するために、文
　章記録等のエビデンスが残るものを主な評価対象にする。
②生徒が残した文章記録（レポート、教科新聞、ノート、振り返りシート、
　ワークシートなど）を主な評価対象にして、適宜授業中の行動や発言を
　対象にした観察や授業後に行う面接を組み合わせる。
③学習評価の対象とする文章記録を生徒が書くときには、自由に書かせる
　のではなく、資質・能力の習得・活用を示す観点を明示して書かせるよ
　うにする。
④教師の主観をできる限り排除するために、判断基準を明示したルーブ
　リックを作成し学習評価の指標として活用する。
⑤締切を延ばしたり代替方法を提供したりして、書くことが苦手な生徒へ
　の合理的配慮を行う。
⑥本時ではなく、単元のまとまり毎に生徒が残した記録を評価対象にする。
⑦各教科で各学期に1回ずつ重点単元を設定して、単元のまとまり毎の学
　習評価を実施する。

⑧生徒や保護者に、学習評価の観点や判断基準を開示して説明責任を果たす。

　ここでまず、文章記録を主な評価対象にしている理由は、それが教師の評価活動の時間的保障を可能にするとともに、どの生徒にも公平な評価時間を配分することができることから、公平な学習評価ができるようになるからです。その逆に、生徒の授業中の行動や発言を評価対象にするときには、録画や録音をしなければ瞬間に消えてしまうため、評価活動がとても煩瑣なものになってしまいます。したがって、現実的には録画や録音は頻繁には行えないため、どうしても瞬間に消えてしまう生徒の行動や音声を全て公平に一人の教師が捉えきることができないという問題が残ってしまいます。以上のことから、指導要録に記載可能な資料を得るための学習評価は、その公平性を担保するために、生徒が残した文書記録に頼らざるを得ないのです。ただし、教師用タブレットを用いて記録を簡素化している事例も出てきました。

　次に、レポートや教科新聞を書かせて、その中に現れる「粘り強さ」や「試行錯誤している」過程、「自らの学習状況を把握している」（つまりメタ認知している）様子を評価することができるようになるためには、単に生徒が自由に書き残していればよいというわけにはいきません。なぜなら、自由に書かせてしまうと、実際に求められている資質・能力を習得していないから記述していないのか、それとも、習得はしているがたまたまそれを書くように求められなかったために書いていないのかの区別がつかなくなるからです。つまり、学習評価の妥当性が担保できないのです。

　そこで、評価指標であるルーブリックを生徒に事前開示してその中の評価の観点や判断基準を生徒に示し、そこに含まれる資質・能力を理解することで、その単元で求められている資質・能力の達成状況について生徒自身が詳しく書こうとする態度を担保することができるようになるのです。

　そのため、学習評価の対象となる文書記録を生徒に書かせるときには、ルーブリックで求められている資質・能力について書くための観点や基準を示すという条件設定を行うことが不可欠です。

さらに大切な原則は、学習評価における教師の主観を排するために、少しでも客観性を担保することが可能になる評価技法として、ルーブリックを用いることです。もちろん、ルーブリックは記号選択式や用語記入式のペーパーテストほどの客観性は担保できませんが、少なくとも教師と保護者、生徒がそれを共有して合意するとともに、それによって達成すべき資質・能力を文章で明瞭に記述し、さらに資質・能力の習得・活用状況のレベルを具体的に単元の学習内容に即して示すことで、少しでも評価の客観性を高めようと努力することが大切です。

　その逆に、ルーブリックを使わずに教師の経験と勘と慣習で、生徒が残した文書記録や作品を見ながら、「エイ、やっ！」と主観的に評価していたのでは、自身の教科の専門性を示すことはできても、必ずしも保護者や生徒からの信頼は得られないでしょう。

　もう一つの大切な原則について、少し詳しく考えてみましょう。それは、単元のまとまりごとの学習評価という考え方です。「主体的に学習に取り組む態度」は、1時間や2時間の学習過程で発現するものではありません。その特長である、試行錯誤や粘り強さといった用語そのものが、生徒の中長期的な学習過程を必要とすることを示しています。つまり、「主体的に学習に取り組む態度」が身に付いたかどうかは、少なくとも一つの単元が終了するまでの数時間の学習過程における生徒の学習状況を、継続的に見ておく必要があるのです。また、「主体的・対話的で深い学び」そのものが、学習指導要領においては、単元のまとまりごとの授業改善を求めていることからも、そのことが理解できるでしょう。

　ただし、一つの単元という長いスパンでの学習過程を見ていくことを原則にするとしても、実用的な視点から見ると、決して各教科で全単元を対象にすることは望ましくありません。たとえそれが理想であっても、教師にかかる負担を考慮すると、各学期に各教科で重点単元を一つか二つ決めて、その中で生徒の「主体的に学習に取り組む態度」の習得・活用状況を見取ることが現実的です。指導要録における観点別学習状況の評価においては、年間の複数回の学習評価の結果を総括すればよいわけですから、各学期に重点単元での学習評価が1～2回あれば十分であると言えるので

す。したがって、重点単元を決めるときには、できるだけ長い学習時間を割り当てられることや、「主体的・対話的で深い学び」の視点を生かした授業改善をしっかりと行うことができること、そして、生徒に書く観点を示した文書記録づくりを必須条件とすることができるほどの豊かな学習内容があることなどを判断のポイントにするとよいでしょう。

　この他にも、学習評価の原則としては、合理的配慮や説明責任などもありますので、各学校での工夫と改善を期待したいと思います。

(2)「主体的に学習に取り組む態度」に関する学習評価の主要な方法

　では以上の評価の原則を守った上で、「主体的に学習に取り組む態度」の学習評価の具体的な方法とは、どのようなものになるでしょうか。

　一つ目の主要な評価方法は、すでに少しずつ概要を示してきましたが、生徒が授業中に書きためたノートやワークシートの記述から、課題解決の過程に沿って、粘り強く自己の学習の状況をメタ認知しながら学習改善を加えている様子を、教師がルーブリックで評価することです。

　単元末に教師が一人一人の生徒の課題解決の過程を捉えやすくなるように、ノートの整理の仕方の様式をあらかじめ決めておいたり、複数枚にわたるワークシートを整理して時間軸に沿って綴じていく二穴フォルダやクリアポケットファイルを用意して使わせたりすることなどが必要になります。全ての資料をクラウドで管理してもよいでしょう。

　二つ目の主要な評価方法は、授業外の時間や家庭学習の時間を使って生徒がまとめたレポートや教科新聞、あるいは学習感想文などの記述から、課題解決の過程に沿って、粘り強く自己の学習の状況をメタ認知しながら学習改善を加えている様子を、教師がルーブリックで評価することです。

　この方法では、あまりページ数の多い作品を求めたり、色付けや図解表記を求めたりしすぎないように注意することが、生徒の負担軽減の観点から必要になります。また、その逆に負担軽減を意識しすぎて、提出期限を2週間などと長めに取ってしまうと、家庭教師や塾講師の支援が得られるところとそうでないところで格差が生じてしまうという問題が残ってしまいます。最近では、生徒のノート提出が必須となっている学校が増えてい

るため、構造的なノートの取り方を例示した書籍も販売されています。そうした市販品の模倣で終わらないように、生徒に剽窃に関わる注意を促すことも必要になってきます。

　まだ現時点では、こうした二つの評価方法について、実際の場面での適応事例はほとんど出てきていないため、これから各学校での創意工夫が待たれるところです（第6章の評価事例を参考にしてください）。これからは、クラウドでの評価履歴の作成と活用が大切です。

5　課題解決的な学習状況を評価するための評価規準

　さらに詳しく考えてみましょう。前のセクションで、学習評価の方法について提案したときに、「課題解決の過程」という用語を何度か使いました。逆に言えば、「自らの学習を調整しようとする」という表現は意図的に使わないようにしたのです。その理由は、すでに述べたところですが、ここではその代替案として、「課題解決の過程における学習改善」という用語を使います。

　つまり、日本の現在の学校教育の制約と歴史的条件、整備状況を勘案すると、実用的な観点からして、「自らの学習を調整しようとする」ことを各教科の学習において生徒に求めることは非常に困難であることから、新しい学習指導要領の規定に準拠して、「主体的に学習に取り組む態度」を評価するための用語として、「課題解決の過程における学習改善」という用語を採用することが大切であると判断したのです。

　その法令根拠は、新しい学習指導要領では、「主体的・対話的で深い学び」の視点を生かした授業改善の結果として、「課題解決的な学習」という用語や「問題解決的な学習」を求めていることから、生徒が実際に、「主体的に学習に取り組む態度」を身に付けたり発揮したりする学習場面は、課題（問題）解決的な学習であることにあります。

したがって、「主体的に学習に取り組む態度」は、課題（問題）解決的な学習の過程に沿って出現したり習得されたりしているかを評価することが、新しい学習指導要領の趣旨に沿った評価の在り方であることが分かります。実質的な時間的制約を考えると、その過程で生徒が学習を調整することは、せいぜいノートやレポートのまとめ方を試行錯誤したり、選択する適応問題の難易度を理解度に応じて変えてみたり、グループの発表活動の役割分担を交代したりするときに限って、2回から3回程度発生するくらいでしょう。

　ですから、ことさら「主体的・対話的で深い学び」である課題（問題）解決的な学習に取り組んでいる過程では、自己調整を重要な評価対象とするのではなく、あくまでも目標の設定、学習の計画、役割分担の決定、調査活動の実施、対話的な活動の実施、まとめと振り返り活動の実施といった、課題（問題）解決的な学習に生徒がどれほど集中して粘り強く取り組み、求められている資質・能力の習得・活用に関わる成果と課題を出してそれをしっかりとメタ認知できていて、さらにそこから具体的な学習改善の在り方を検討しているかということに絞って学習評価の対象を決める方がよいと考えたのです。

　そこで、本章では、「自らの学習を調整しようとする」という実現困難な表現を使わずに、課題（問題）解決的な学習に粘り強く集中して取り組み、学習改善を行っているかどうかを、学習評価の具体的な観点や判断基準にしていきます。

(1) 課題解決的な学習の特徴とは

　少し前置きが長くなりましたので、早速、この課題解決的な学習の特徴を活動系列の視点から見てみましょう。

　ここでは、課題解決的な学習の活動系列の完成版を提案することが目的ではありません。それよりも、新しい学習指導要領で求められている課題（問題）解決的な学習の中でのおよその活動系列や活動段階を暫定的に設定して、それぞれの活動で「主体的に学習に取り組む態度」の特徴は何なのかを、評価の観点や評価規準を考えるために必要な程度に具体的に考え

ることが大切です。

　すでに解説したように、文部科学省や国立教育政策研究所からは、「主体的に学習に取り組む態度」の具体的な評価規準や判断基準についての例示は出ていませんので、それぞれの教育委員会や各学校で作成するしかありません。したがって、本章でそのための仮の案を例示したいのです。

　ここでは、課題解決的な学習の活動系列を、次のような10個の段階からなるものとして考えます。

【課題解決的な学習の活動系列】

①自己の学習目標を設定する。

②自己の学習の計画を立てる。

③課題解決に工夫して取り組む。

④学習活動に粘り強く取り組む。

⑤学習への取り組み方を修正・改善する。

⑥友だちの学び方や考え方のよさを取り入れる。

⑦学習に必要な情報や支援を主体的に求める。

⑧自己の学習の様子を振り返る。

⑨学習内容を分かりやすく整理してまとめる。

⑩新たな疑問や学習課題を考え出す。

　こうした10個の活動の流れとして、課題解決的な学習の特徴を捉えることは必ずしも新しいことではありません。したがって、各学校においてこの活動系列モデルに沿って、「主体的に学習に取り組む態度」の評価規準や判断基準を作成することはそれほど違和感のないものとなるでしょう。

　では、この活動系列モデルに沿って、生徒が「主体的に学習に取り組む態度」をどのような姿として表しているのかについて、考えてみましょう。

（2）「主体的に学習に取り組む態度」の学習評価のための汎用的な評価規準

　それを仮説的に表したのが、次のような10個の評価規準です。

【「主体的に学習の取り組む態度」の汎用的な評価規準】

①学習目標を自分が身に付けるべき資質・能力として書いている。

②間違いの修正や書き直しが書けている。

③友だちとの対話や交流を学びに生かした様子を書いている。

④もっとよい学び方はないか考えて書いている。

⑤学習の計画や見通しをもって取り組んでいる様子を書いている。

⑥考えや文章、作品を推敲したり改善したりした様子を書いている。

⑦間違えたり失敗したりしても粘り強く取り組んだ様子を書いている。

⑧振り返りで自分の学習の成果と課題を書けている。

⑨自分の学習を改善する具体例を書いている。

⑩新たな疑問や学習課題を書いている。

　これらの評価規準は暫定案ですが、「主体的に学習に取り組む態度」の評価規準の提案としては、実用的に見て各学校において使いやすい項目になっていると思います。自己調整学習における「メタ認知的モニタリング」や「メタ認知的コントロール」という高度な思考活動を前面に押し出さなくてもよいですし、また、「試行錯誤している」ことにことさら重点を置きすぎなくてもよいのです。

　新しい学習指導要領の改訂の趣旨に沿って「主体的に学習に取り組む態度」とは何かを実用的なレベルで考えると、およそこうした10個の項目を生徒の学びの姿として捉えて、ここから各教科・領域の特質に応じた具体的な評価規準や判断基準を考えて、学習評価のためのルーブリックを作成していくことになります。

　ここで、「書いている」という語尾で統一しているのは、すでに述べてきたように、本章で扱っている学習評価の材料として、生徒が書いたノートやワークシート、教科新聞や教科レポート、学習感想文などを想定しているからです。

6 教科・領域別ルーブリックの提案

　では、教科の特質を生かしたルーブリックの例を見てみましょう。

　一つ目の例は、中学校国語科で用いるルーブリックです（表4-1）。

　例えば、中学校国語科で身に付けた言葉の力（国語科での資質・能力）を振り返って、A4判1枚程度の用紙に、年間の重点単元から自分で二つの単元を選び、その単元で学習したことを習得・活用した資質・能力の視点から具体的にまとめてくるようにしたとします。

　そのようにして生徒が作ってきた、いわば「資質・能力メタ認知レポート」を評価の資料として、ルーブリックを用いて「主体的に学習に取り組む態度」が身に付いているかを評価するのです。

　このルーブリックでは、評価の観点を、「言葉の働き（のメタ認知）」「粘り強さ」「主体的な取組」という三つにしています。授業中には、1時間をこれにあて、ルーブリック、レポートを書く観点、そして単元の選択の仕方などに関わる条件などを生徒に提示して下書き程度を書かせるようにして、あとは宿題にして提出するように指示します。

　宿題にすると提出率が下がるという心配があるかもしれませんが、事前にしっかりと通知表につながる評価の資料とすることや評価ルーブリック

表4-1　中学校国語科で用いる評価ルーブリック（態度編）

	言葉の働き	粘り強さ	主体的な取組
レベルA	言葉の種類や働きを、複数の単元に渡ってメタ認知して、多面的に分かりやすく説明しようとしている。	表現の主題に沿って、多様な表現技法や文章構成を活用して、よりよい文章になるようねばり強く推敲している。	インターネットで調べたり百科事典や国語事典を使ったりして、よりよい個性的な文章になるよう工夫している。
レベルB	言葉の種類や働きを、表現の様式に沿ってメタ認知して、自分の学習活動に位置づけて理解しようとしている。	いくつかの表現技法や文章構成の型を活用して、よりよい文章になるようねばり強く推敲している。	自己評価を行うとともに、友だちと対話したり、相互評価を受けたりして、文章を工夫しようとしている。
レベルC	言葉の種類や働きを、教科書の記述やノートのまとめを見ながら整理している。	表現技法や文章構成の型の活用を意識しないで、文章を書こうとしている。	集中して書こうとしているが、友だちのアドバイスを受けたり自ら調べたりしていない。

を提示することで、生徒に取組への真剣さを促すことが大切です。

　また、ただ宿題にして書いてきて提出するだけにするよりも、もう１時間とって、その中で班ごとに書いてきた友だちの「資質・能力メタ認知レポート」を読み合ったり発表し合ったりして、友だちの資質・能力の習得・活用状況やこれまでの努力について認め合うグループワークをすると、学級づくりの面からも効果的です。

　それによって、レポート作成が、友だちの成長をお祝いしたり自分の成長の自信を感じたりする温かい時間になるのです。参考文献に、このような中学校国語科での評価セッションの事例を挙げておきましたので、参考にしてください。

　二つ目の例は、中学校２年数学科で用いる評価ルーブリックです。この例では、例えば、連立方程式を学ぶ単元で、活用型文章題を出してその証明をＡ４判１枚程度のシートに書いてくる宿題を出すような場合を考えてみましょう（表４−２）。

　このルーブリックの評価の観点は、「（問題解決過程の）修正・改善」「粘り強さ」「主体的な取組」という三つにしています。先に紹介した「評価の観点及びその趣旨」の中に挙げられている中学校数学科の例を生かして評価の観点を設定しています。中学校数学科では、「主体的に学習に取り組む態度」の評価の観点については、「問題解決の過程を振り返って、評価・改善しようとしている」といった趣旨が書かれていることを参考にし

表４−２　中学校数学科で用いる評価ルーブリック（態度編）

	修正・改善	粘り強さ	主体的な取組
レベルA	友だちの証明の仕方と比較して、より簡潔で高度な解法になるよう修正している。	より簡潔で高度な解法を見つけて証明を書き上げるために、いろいろな方法を試している。	インターネットや参考書等で自らより高度な解法を調べて、自力解決に生かしている。
レベルB	計算間違いがないか、問題文を正確に読めているか、正しい知識を活用したかを自分でチェックしている。	問題を解決するために、既習の知識を振り返ったりノートを見返したりして、あきらめずに解法を見つけようとしている。	自力解決を行うとともに、友だちと対話したり、相互評価を受けたりして、正しい解法を見つけようとしている。
レベルC	計算間違いがあるなど途中で証明が止まっていてもそのままにしている。	問題が解けないとすぐあきらめて、友だちのノートを写している。	自ら正しい解法を見つけるために主体的に取り組もうとしていない。

ています。

　このルーブリックの中のいくつかの判断基準では、「より高度な」といった表現が含まれていますが、実際には何を高度な解法とするかは難しいでしょう。レベルBでは、修正・改善の方法は計算間違いをチェックしたり、問題文を正確に理解したり、正しい既有知識を活用したかをチェックすることにしていますので、レベルAでは、いわゆる別解や基礎問題では出てこない数学的な見方・考え方を応用した解法を位置付けるようにするとよいでしょう。

　なお、次章の表5‐2で例示するように、ルーブリックの中の判断基準が含んでいる用語があいまいで理解しにくいときには、表の下に凡例を書き出すなどして具体的にその用語が何を示しているのかを明示することが大切です。

　三つ目の例は、中学校美術科で用いる評価ルーブリックです。ここでは、例えば、生徒が製作した絵画や彫塑などの美術作品で工夫したことや努力したことをA5判のシートに200字程度書かせて、作品とともに展示するような場合を考えてみましょう。こうした作品解説文は、美術展を開くときなどによく用いられる手法です。そのため、これ自身はそれほど教師にとっても生徒にとっても大きな負担をかけるものではありませんから、「主体的に学習に取り組む態度」の学習評価の資料とすることは、特に問題ないでしょう（表4‐3）。

　ただし、先に解説にしたように、これまでの慣習のように自由に書かせるのでは評価の妥当性は高まりませんから、生徒に作品解説文を書くときの観点や条件を明確に示しておくことが大切です。ここでは、ルーブリックによって評価の観点と判断基準を事前に生徒に示すことで、そうした書くときの観点を明示することを提案します。

　ここでも、数学科の評価ルーブリックについて解説したように、「個性的」というあいまいな表現を判断基準の中に残しているので、このままではあまりよいルーブリックとは言えません。そこで、「個性的」という用語について生徒に分かりやすくなるように、凡例や具体例を示しておくことも必要になるでしょう。

表4-3　中学校美術科で用いる評価ルーブリック（態度編）

	修正・改善	粘り強さ	主体的な取組
レベルA	友だちの作品や製作方法と比較して、より個性的で高度な技法を活用できるよう修正している。	より高度な技法を生かして作品を製作するために、いろいろな技法を工夫して試している。	インターネットや参考書等で自らより高度な技法を調べて、自分の創作表現に生かしている。
レベルB	基本的な表現の技術を発揮できているか表現イメージを具体化できているかを自分でチェックしている。	最初はうまく描けなくても、基本的な技法を活用して、ルーブリックでB評価を受けられる作品になるよう工夫している。	自ら友だちと対話したり、相互評価を受けたりして、効果的な技法の個性的な活用法を見つけようとしている。
レベルC	基本的な技術や技法の活用ができていなくてもそのままにしている。	どうすれば基本的な技法を活用できるか工夫せずに、初発の製作で留まっている。	イメージをふくらませて具体化する努力が十分でなく、技法が活用できていない。

　まだ、筆者の「主体的に学習に取り組む態度」の学習評価の在り方についての研究は完成していません。いくつもの課題が未解決のまま残されています。

　例えば、評価規準や判断基準の曖昧性が排除し切れていませんし、ルーブリックもあくまでいくつかの例示をしただけですから、実際には全教科で重点単元を決めて、それらに対応した全てのルーブリックを作成する作業もこれからです。研究者一人の努力には限界がありますから、各学校での作成例を SNS で共有するなどの取組が必要になるでしょう。なお、本書の第6章で5教科の評価事例を収録していますので参考にしてください。

　そのような多くの課題があるとはいえ、これからは、評価の妥当性と信頼性を少しでも高めて、保護者と生徒に説明責任を果たしながら、なおかつ、点数を付けるだけの学習評価でとどまることなく、ルーブリックの提示により生徒の学習意欲を高めて、友だちと協力し認め合いながら多様な資質・能力を伸ばし合う協働的な相互評価を成立させるようにしたいものです。

　ルーブリックの作成やそれを用いた採点作業は、宿題の提出回数や自主学習ノートの主観的な「エイ、やっ！」の評価に比べて、慣れるまでは時間がかかるものですが、ぜひともこの小論を参考にして校内研修の機会をもち、先生方の先進的な取組例を全国的に共有しながら、学習評価の改善

を通した生徒の資質・能力の育成と生徒主体の学習改善が推進されること
を願ってやみません。

［参考文献］
田中博之著『「主体的・対話的で深い学び」学習評価の手引き』（教育開発研究所、
2020年）

第1章
第2章
第3章
第4章
第5章
第6章
Q&A

メタ認知レポートを書く習慣を育てよう！

　メタ認知レポートとは、メタ分析レポートとも呼ばれ、自分自身の認知過程の特徴を自分で俯瞰して捉えたことを、客観的かつ論理的に説明して作成したレポートです。

　主な表現様式は文章記述になりますが、数学であれば自己の証明過程の特徴を式や図形で表現したり、生成 AI の活用時であれば AI の回答に含まれた図表や画像を入力前と入力後で比較して見せたり、図工科や美術科であれば作品の製作過程を写真で説明することになります。

　授業のめあてや課題に即して作成する本来のレポートや作品、パフォーマンスとは別に、それらの特徴と完成までに至るプロセスにおいて自分自身が工夫した点やオリジナルなポイント、自分の成長につながったこと、さらに、それらの価値や意義などについて、俯瞰的に説明することが、メタ認知レポートを作成するねらいです。

　こうしたねらいや特徴をもつメタ認知レポートを生徒に書かせるメリットは、「主体的に学習に取り組む態度」を評価するときの評価の材料にすることができることです。なぜなら、メタ認知過程を記録し、俯瞰的に説明する内容には、多くの自己修正的機能が含まれているからです。

　ただ漠然と書かせるのではなく、よりよい作品やパフォーマンスに仕上げるためにどのように工夫したか、その結果どのような修正や改善を施したかという観点を踏まえて書かせることが大切です。そうすれば、生徒は自己改善力や自己修正力を身に付けるようになるでしょう。

第5章

生徒による自己評価と相互評価を授業に組み入れる

1 「学びと評価の一体化」とは何か

　自分たちの「主体的・対話的で深い学び」の在り方を子どもたちが自己評価したり相互評価したりして改善していく重要性が、中央教育審議会の報告「児童生徒の学習評価のあり方について（報告）」（2019年1月）で示されました。

　言い換えれば、新しい学習指導要領で提唱された子どもたちの学び方の原則「主体的・対話的で深い学び」では、子どもたち自身が自分や友だちの学びの在り方を評価して改善していくことが求められるようになったのです。

　つまり、「主体的な学び」の定義の中には、「主体的・対話的で深い学び」を通して身に付けた資質・能力を振り返って自覚したり、友だちと評価し合ってアドバイスを共有したりすることが含まれています。

　こうした身に付ける資質・能力の視点から見た、子ども主体の学習評価と学習改善の必要性を、筆者はすでに15年以上前から提案し、書籍にまとめて提案していました。拙著『学級力が育つワークショップ学習のすすめ』金子書房（2010年）を参照してください。

　そこでは、子ども主体の学習評価と学習改善が成立している学びのサイクルを、「学びと評価の一体化」と呼んでいます。新しい学習指導要領で「主体的・対話的で深い学び」、つまり日本式アクティブ・ラーニングが提唱される10年も前から、特に総合的な学習の時間の新しい学習原理として、「学びと評価の一体化」という考え方を生み出し、総合的な学習の時間では単に多様な活動を展開するだけでなく、子どもたち自身が身に付ける資質・能力を意識して目標とし、学習を通して振り返りながら、もっと多くの高度な資質・能力を身に付けられるように、学びの改善を子ども自身が宣言することを提案していました。そして、その原則に基づいた学びの在り方を、「評価セッション」あるいは、「成長発表会」と名付けていました（具体例については、本章の3節を参照のこと）。

それから10年以上が経ち、やっと国の指針として、新しい学習指導要領のもとでの学校教育において、子ども主体の学習評価と学習改善を進めることが明記されたのです。ただし、当初の筆者のアイデアと異なる点は、筆者が主に総合的な学習の時間の学習活動の一環として、この「学びと評価の一体化」の原則に沿った子ども主体の学習評価と学習改善を提案していたのに対して、新しく出された「報告」と新学習指導要領の規定をあわせて解釈すると、子ども主体の学習評価と学習改善は、主に特別活動の内容領域(3)や教科学習の中で行うとされていることです。

　その影響を受けて、最近になって特別活動の内容領域(3)においてキャリア・パスポートを作成して、自己の学習の状況と身に付けた資質・能力を振り返りながら記録し、継続的に蓄積していく実践が行われるようになってきました。また、2021年4月から使用が開始された中学校の新しい教科書では、特に国語科において、身に付けた資質・能力の振り返りと今後の見通しを生徒が話し合うページが設けられています。

　そうした小さな違いこそあれ、「主体的・対話的で深い学び」における学習評価を考える上で最も大切なことは、「学びと評価の一体化」という考え方をもつことです。これまでの「指導と評価の一体化」という考え方だけでは、あくまでも評価者は教師ということに限定されるため、学習評価を通して子どもを学びの主人公にする、つまり、子どもがアクティブ・ラーナーになる上で十分ではありません。

　言い換えるなら、「主体的・対話的で深い学び」においては、子どもたちが学習評価の主人公となり、自己評価と相互評価を通してより主体的に深く学ぶように学びの改善を続けていくことが大切です。そのことを、具体例を通して解説するのが本章のねらいです。

　新学習指導要領のもとでの各教科や総合的な学習の時間では、子どもたちに学習の決定権が大幅に与えられたり、多様な活動を子どもたちが主体的に進めていくことが求められたりしています。そこで、子どもたち自らが学習の成果を振り返り、そこからよりよい学習の在り方を構想していけるような自律的な学習態度を身に付けることが大切です。なぜなら、学びの主体性は、自己評価と自己改善に関わる自律性があって初めて本物にな

るからです。

　このような考え方から、「学びと評価の一体化」とは、「学びの成果を自己評価・相互評価することを通して、よりよい学びの在り方を生み出していく自律的な自己改善過程」と定義することにします。これは言い換えれば、これからは子どもたちに、もう一つの教科横断的な資質・能力として自己評価力を育てることにつながってきます。

　つまり、「主体的・対話的で深い学び」において、自ら身に付けた多様な資質・能力を自己評価する力を、21世紀の基礎学力として積極的に育てていこうというのが筆者の提案です。そうであるからこそ、子どもの自己評価は、「学びの後の反省活動」ではなく、「学びそのもの」なのです。自己評価力と自己改善力なくして、子どもたちは21世紀社会で豊かに自己実現することはできません。

　したがって、本章で紹介する子ども主体の学習評価と学習改善の実践事例では、各教科、特別活動、そして総合的な学習の時間の取組をバランスよく取り扱い、学習改善につなげる子ども主体の学習評価という新しい方向性、つまり「学びと評価の一体化」を具体的に理解していただけるようにします。

2 生徒が行う自己評価と相互評価

(1) なぜ生徒が取り組む学習評価にルーブリックなのか？

　なぜ、「主体的・対話的で深い学び」には、ルーブリック評価が必須になるのでしょうか。すでに第1章では、教師が行う学習評価にルーブリックが必要となる理由を示しましたので、本章では生徒が学習評価になぜどのようにルーブリックを活用するのかという視点で解説していきます。

　その理由は、次の7点に集約されます。

【生徒が行う学習評価にルーブリックが必要である理由】

①生徒が学習評価をする資質・能力の内容を整理して可視化することが必要である。

②思考力・判断力・表現力の評価には、評価の観点とレベルで整理された判断基準が必要である。

③あらかじめルーブリックで身に付けるべき資質・能力を明示しておくと学習意欲が高まる。

④ルーブリックで明示された判断基準を生徒が自己の学習目標にすることができる。

⑤活用したルーブリック表を蓄積していけば、資質・能力の自覚と共有がしやすくなる。

⑥資質・能力の継続的な自覚と共有によって、生徒の自信と自尊感情が高まる。

⑦ルーブリックを用いた自己評価を通して、生徒の自己評価力を育てられる。

　①は、新しい学習指導要領が資質・能力をベースにして作成されていること、そして、「何ができるようになるか」を明示したことにより、「学びと評価の一体化」の原理に則れば、「主体的・対話的で深い学び」を行う生徒にとって、自ら身に付ける資質・能力を可視化して意識付けすることが何よりも大切だからです。

　しかも、②に示したように、単に評価規準を伝えるのではなく、判断基準まで示すことで、生徒に「どの力をどれほどのレベル（水準）で身に付けることが求められているか」を自覚させて学習に取り組ませることが大切だからです。逆に言えば、判断基準を示されなければ、例えばどれほどのレベルのレポートを書けばいいのか、どれほどのレベルのプレゼンテーションにすればよい成績が付くのかが分からず、生徒も具体的なパフォーマンスや作品の最終イメージがわきません。

　そうなることを防ぐために、ルーブリックによって生徒が到達すべき目標が明らかになるのですから、「ここまで頑張って作ればいいんだな、こ

こを工夫してレベルアップすればよいプレゼンテーションになりそうだな」といった意識が生まれ、③と④に示したように、判断基準が学習目標になり、生徒の学習意欲が高まるのです。

そして、ルーブリックを多くの教科・領域で学期に1回程度行うようになると、それらをクリアポケットファイルに蓄積したりクラウド上にアップしたりしていけば、中央教育審議会が「主体的な学び」に求める「資質・能力の自覚と共有」が行いやすくなり、資質・能力の習得・活用状況に基づくキャリア・パスポートの作成にもつながっていきます。

そのことが、最終的なねらいとして、生徒の自信と自尊感情を高めることや自己評価力を育てることになります。

このような七つの教育効果をもつ、生徒によるルーブリックの活用を全校体制で組織的・計画的に進めてくださることをお勧めします。

(2) 生徒の評価ツールとしてのルーブリックの作成と活用

ルーブリック（判断基準表）は、すでに見てきたように、「主体的・対話的で深い学び」において、生徒の作品やパフォーマンスを評価するときに活用すると効果的です。

しかし、生徒主体の学習評価を推進するためには、生徒にルーブリックを使って自己評価や相互評価をさせることだけでなく、さらに積極的な活用方法を工夫して、例えば、生徒にルーブリックを教師と協働で作らせたり、あるいはルーブリックを自作させたりするとよいでしょう。

生徒がルーブリックの作成と活用に参画する程度が大きくなるほど、「主体的・対話的で深い学び」に求められる生徒の主体性と協働性のレベルが向上します。しかし、教科学習の中では授業時間数が限られているため、ルーブリックを生徒に自作させることは難しいでしょう。その場合には、総合的な学習の時間で時間をかけて生徒に付けたい力を想定させて、自己評価のためのルーブリックを作らせることができます。

また、もう一つの大切な活用方法は、単元の導入場面において単元で身に付けてほしい資質・能力を明示したルーブリックを生徒に配付して、自己の学習目標にしたいセルの中の判断基準に○をつけさせておくことで

す。そうすれば、単元の振り返りの場面で、もう一度ルーブリックを用いて、「本単元の学習でどのような資質・能力が身に付いたか」という視点であてはまるセルに○をつけることができて、資質・能力の習得・活用状況の自覚ができるようになるというわけです。具体的な実践事例は、次のセクションで紹介します。

　1時間での資質・能力の習得が明確になりにくい授業では、無理をして授業の導入場面でルーブリックを配付する必要はありませんし、単元の核となる活動、例えば、レポート作成、スピーチ、プレゼンテーション、演奏、演技、競技などに取り組むときにルーブリックを事前配付して、核となる活動に関わる自己の学習目標を設定させておくことでも構いません。

　その際に大切なことは、あくまでも自己評価や資質・能力の自覚のためにルーブリックを活用するというねらいを考えるならば、ルーブリックを活動開始時点ですぐに配付するという活用方法は、生徒の自己目標の設定となり個人内評価を前提とするということです。したがって、ルーブリックのあてはまるセルに○をつけて自己目標の設定をするときには、友だちと比較したり、レベル1やレベルCの判断基準に○をつけた生徒をからかったりすることがないよう、生徒に、「何のためにルーブリックを使うのか」といった意義の確認をすることが大切です。

　大切なことは、生徒にルーブリックを、自分自身の資質・能力の向上のための評価ツールとして捉えてもらうようにすることなのです。生徒の自己評価や相互評価のためのルーブリックの活用は、生徒の自己成長を促すものであり、教師の成績付けの信頼性を上げるためのものではないのです。この点を、しっかりと理解するようにしてください。

　もう一つのポイントとして筆者は、たとえルーブリックの活用が、教師による成績付けや指導要録での評価・評定を目的としたものであっても、事前配付は必須であると考えています。なぜなら、生徒に相当の努力をして作品製作や実演をすることを求めるわけですから、その成果が教師による評価・評定の対象になるのであれば、評価の観点と判断基準を開示して生徒と場合によっては保護者と共有して納得してもらい、相互の信頼関係の基盤を形成することが不可欠であると考えるからです。

ルーブリック評価の理論を紹介した本の中には、ルーブリックは活動が終了した時点で配付するということを提案したものもありますが、それは生徒の自己評価力を伸ばすという「学びと評価の一体化」の原則や生徒と保護者との評価に関する「評価における信頼関係の醸成」という原則とは異なる視点で書かれていますので、区別が必要です。

(3) 生徒の評価ツールとしてのルーブリックの具体的な活用方法

　それでは、いくつか生徒の評価ツールとしてのルーブリックを紹介しながら、その特徴と活用方法を見てみましょう。

　判断基準を作るときに大切なポイントを、ここでは一つに限定してお伝えしましょう。

　それは、ルーブリックの一つのセルには判断基準を一つだけ入れるようにするという原則です。これは、ただ判断基準が一文になっていればよいといった形式的な意味ではありません。一文になっているとしても、「とともに」とか「に加えて」、「することや」といった接続詞で二つ、三つの資質・能力をつなげて書いてしまうと、実質的には二つ、三つの資質・能力（判断基準）になってしまいますから注意が必要です。

　ではなぜ、一つのセルに一つの判断基準という原則が大切なのかと言えば、それは、生徒が付けるルーブリックにおいては、生徒に分かりやすいように判断基準をシンプルに示すことが大切だからです。一つのセルに例えば二つの判断基準を入れてしまうと、通常ルーブリックは3レベル・3観点くらいで作るため、生徒は1枚のルーブリックを付けるときに、18個もの判断基準を使うことになってしまいます。これでは、生徒の学習評価の負担が大きくなるばかりです。

　もし、どうしても判断基準が多くなってしまうときには、新しくもう一つ評価の観点を設定して、判断基準を分配・整理するとよいでしょう。

　ただし、一つの評価規準の中に求める条件を複数列挙し、それらを用いて例えば、三つとも満たしていればレベルA、どれか二つを満たしていればレベルB、どれか一つを満たしていればレベルCというように、満足する条件の数で判断基準を作るときには、この限りではありません。

それでは、中学校で生徒が取り組む学習評価のためのルーブリック活用の例を見てみましょう。

例1）　国語科におけるインタビューの成果と課題を相互評価するルーブリック

はじめに、国語科におけるインタビューについて、生徒同士で行う相互評価によるパフォーマンス評価で活用できるルーブリックを紹介しましょう（表5-1）。3人のグループを作って、一人目がインタビューアー、二人目がインタビューされる人、そして三人目が評価する人になって行ってみてください。

中学校国語科には、音声コミュニケーションや音声表現による言語活動を行う単元が少なくありません。これまでの評価では、こうした生徒のパフォーマンスを伴う活動を直接評価することなく、定期考査のペーパーテ

表5-1　中学校国語科のインタビューの相互評価のためのルーブリック

評価観点	1．内容構成	2．言語の活用	3．非言語活動	4．礼儀・マナー
評価規準	相手の特徴を聞き出す効果的な質問がなされていて、応答に関連づけられた追加質問や掘り下げ質問がタイミングよくできている。	聞き出す技法として、話題の出し方、目的やめあての提示、共感の仕方、あいづち、具体例や経験談の提示、などが効果的である。	非言語コミュニケーションの技法として、アイコンタクト、うなずき、表情、手振り・身振り、などが効果的である。	インタビューで必要な礼儀・マナーとして、あいさつ、丁寧語の使用、お礼の言葉、正しい姿勢、時間厳守、などの項目を守って実施できている。
A	相手の特徴をとらえた効果的な質問と応答がくり返されていて、内容的に深まりがある。	5つの言語活用上の工夫点のうち、3つ以上の技法を表現力豊かに活用している。	4つの非言語活動上の工夫点のうち、3つ以上の技法を表現力豊かに活用している。	5つの礼儀・マナー上の工夫点のうち、4つ以上の技法を表現力豊かに活用している。
B	相手の特徴をとらえた質問がされているが、質問と応答の深まりがなく、聞いて答えるだけになっている。	5つの言語活用上の工夫点のうち、3つ以上の技法を活用しているが、活用する回数が少ない。	4つの非言語活動上の工夫点のうち、3つ以上の技法を活用しているが、活用する回数が少ない。	5つの礼儀・マナー上の工夫点のうち、3つの技法を活用しているが、活用する回数が少ない。
C	事前の下調べが十分ではなく、相手の特徴をしっかりと聞き出していない。	5つの言語活用上の技法のうち、1つまたは2つだけを活用している。	4つの非言語活動上の工夫点のうち、1つまたは2つだけを活用している。	5つの礼儀・マナー上の工夫点のうち、1つまたは2つだけを活用している。

※レベルCを1点、レベルBを2点、レベルAを3点として採点し、最高点を12点、最低点を4点とする。

133

ストを通して、音声言語によるコミュニケーションと表現のルールや技法についての知識を問うことで代替していました。

　ただし、本格的なスピーチやプレゼンテーションのパフォーマンス評価をしようとすると、評価だけで授業時間を1時間とってしまうことになりますので、実施は容易ではないでしょう。そこで、このようなルーブリックを活用することが効果的なのです。

例2）　数学科における生徒の発表を相互評価するためのルーブリック

　二つ目に、数学科における生徒の説明や証明の発表について、生徒同士が相互評価するために活用するルーブリックを見てみましょう。

　「主体的・対話的で深い学び」を成立させる数学科の授業では、生徒による発表活動を通して説明や証明を組み入れることが不可欠です。その際に生徒が発表の様子を相互評価して高め合う活動を行うときに活用するルーブリックの参考例が、表5-2です。ここでは、評価の観点として、①発表内容の構成、②論証言葉の活用、③既習事項の活用という三つを挙げて、それぞれに三つのレベルで区別した判断基準を各セルに書いています。

　このルーブリックで特徴的なことは、これが生徒用であるために、判断基準の中で使っている分かりにくい用語について凡例を表の下に入れていることです。ルーブリックでは、短い文章で判断基準を書くことになるので、どうしても抽象的で専門的な用語を使うことになってしまいます。教科の専門性が高い教員には分かりやすくても、生徒には分かりにくいルーブリックになってしまいます。

　そこで、このようにして表の下に凡例を入れることで、生徒にとって判断がしやすくなるというわけです。ルーブリックを生徒にとって使いやすい評価ツールにするための工夫ですので、参考にしてください。

例3）　特別活動で家庭学習の状況を自己評価するルーブリック

表5-2　中学校数学科の発表の相互評価のためのルーブリック

評価のレベル ＼ 評価の観点	発表内容の構成	論証言葉の活用	既習事項の活用
レベルA	まず・次に・最後にという言葉を使って3段階で分かりやすく説明したり、既習事項・解決プロセス・まとめに分けて発表したりしている。	授業で習得した数学科で使う5つの論証言葉を全部使っていて、分かりやすく納得できる発表ができている。	授業で習得した公式や用語の活用の仕方を説明に組み入れていて、さらに、思考や説明のモデルを使っているので発表が分かりやすい。
レベルB	大きく3段階で分かりやすく説明できているが、既習事項・解決プロセス・まとめに分けて発表していないので分かりにくい。	授業で習得した数学科で使う論証言葉を3つか4つ使っていて、分かりやすく納得できる発表ができている。	授業で習得した公式や用語の活用の仕方を説明に組み入れているが、思考や説明のモデルをあまり使っていないので分かりにくい。
レベルC	発表内容の構成があいまいで、答えは出ているがどうやって既習事項を使って問題を解いたのか分かりにくい。	授業で習得した数学科で使う論証言葉を使っていないので、筋道がはっきりした分かりやすい発表ができていない。	問題を解くときに考えた式や答えをしっかりと発表しているが、その理由や考え方のよさと正しさなどを発表してない。

※友だちの発表を聞いて、評価しよう。
　評価の観点にそって、具体的なアドバイスや改善の方法を教え合おう。
　前回の発表より上達していたら、賞賛しよう。
※5つの論証言葉とは、
　①しかしこのままでは比較できないため、
　②グラフのここに注目してください。
　③その根拠は、～～です。
　④ここで使える公式は、～ですよね。
　⑤ここまでいいですか？
※思考や説明のモデルとは、
　①もし、～～だと仮定するとこれは矛盾していることがわかります。
　②4つの中でこれは条件に合致しないため、消去します。
　③これを公式にあてはめて考えると、この体積は～～になります。
　④これら2つのことを合わせて考えると、～～であることがわかります。
　⑤○○さんの考え方がまちがっているところは、～～です。

　三つ目に、教科学習を離れて、特別活動の時間に家庭学習の在り方を生徒が自己評価するためのルーブリックを紹介しましょう。

　特に中学生になると、家庭学習の充実が学力向上の鍵になることは間違いありません。また、課題解決的な学習を学校で行おうとすると、そのための基礎的な習得に関わる宿題を出したり、また、活用型宿題として作文やレポートの下書きをしたり事典やインターネットで調べてきたりする宿題を出すことがありますから、その意味でも家庭学習に継続的に取り組むように習慣化することが大切です。そのために、こうした家庭学習の状況を継続的に自己評価するルーブリックが効果的です（表5-3）。

表5-3　中学生の家庭学習の状況を自己評価するルーブリック

付けたい力\力のレベル	1.　学習習慣	2.　テスト直し	3.　計画性	4.　集中力
	毎日こつこつ目標を決めて、宿題や自主的な学習に進んで取り組んでいる。	わからなかったところは、見直してできるようになるまで繰り返し復習している。	定期考査前には、苦手教科も含めて勉強の計画をたてて取り組んでいる。	マンガやゲームは整理整頓し、ながら勉強はしないで、集中して勉強している。
レベルA	宿題以外に、自学ノートづくりや問題集、添削問題などに自主的に取り組んでいる。	テストでわからなかったところは、完全に理解できるようになるまで、繰り返して復習している。	苦手・得意、教科のバランス、各教科にかけられる時間数などを考慮して計画的に取り組んでいる。	ノーテレビ・デーやノー・ゲームデーなどを作って、ながら勉強をせず集中して勉強している。
レベルB	宿題はその日のうちにしあげているが、自主学習には取り組んでいない。	テスト返しの時には、先生や友だちの解説や説明を理解して、ノートに整理している。	苦手教科も含めて、1週間の学習計画を1時間単位でたてて取り組んでいる。	マンガやスマホ、ゲーム、テレビの時間を制限して、集中して勉強している。
レベルC	宿題をときどき提出しないことがある。	テストの振り返りやテスト直しをしないことがある。	苦手教科には、計画的に取り組めていない。	マンガやスマホなどが気になり、集中していない。

※レベルCを1点、レベルBを2点、レベルAを3点として採点してみよう。
1.　学習習慣（　　　）点、2.　テスト直し（　　　）点
3.　計画性（　　　）点、4.　集中力（　　　）点
合計点（　　　）／12点

3　生徒が取り組む自己評価

(1) 国語科でのルーブリック活用

　豊田市立藤岡南中学校では、1年生の国語科単元『詩を作ろう』で、「写真をもとに想像をふくらませて詩を書こう！」を学習課題として、一枚の写真から豊かなイメージを広げて、詩を書く活動に取り組みました。

　詩の創作において、参考にする多様な表現技法について、①比喩、②強調、③変化、④感情表現などの具体的な方法を学んで活用しました。生徒たちが自分の創作活動について自己評価するためのルーブリックには、「主体的に学ぶ力」「想像する力」「工夫して表現する力」という3観点を設定し、それぞれに三つのレベルで判断基準が書き込んでありました。

　ルーブリックの観点と判断基準をバランスよく設定することにより、国

写真5-1 ウェビング法で写真のイメージを書き出す

写真5-2 ルーブリックで自分の学習目標に○を付ける

語科で身に付ける資質・能力としての詩の表現技法と、ウェビング法で描き出す個性的なイメージとが組み合わされて、豊かな創作表現につながりました。また、自己評価ルーブリックを使って創作表現の活動に入る前に学習目標を設定したため、生徒の創作意欲が高まりました。

(2) 社会科でのルーブリック活用

同校の1年生の社会科では、地理単元「ヨーロッパ州」において、「イギリスのEU離脱は本当に正しい選択なのだろうか?」を学習課題として、ディベート大会を行いました。

教室には、賛成と反対の意見をそれぞれにもつ生徒たちを向かい合わせて座らせて、「経済」「人の流れ」「歴史的背景」という三つの観点で、立論と反論を繰り広げました。自己評価ルーブリックは、「主体的な意欲」

写真5-3 EU離脱の是非についてディベートをしている

写真5-4 自由記述を組み合わせた自己評価ルーブリック

「判断・表現力」「知識・技能の活用」という三つの観点が設定された3観点・3レベルの様式のものでした。

　レベル3の判断基準には、「説明することができた」や、「相手に伝わるように話すことができた」といった表現活動に関わる資質・能力が設定されているため、生徒が学習目標としてコミュニケーションの大切さを意識してディベートに取り組むことができ、活発な討論が展開されました。

(3) 外国語科でのルーブリック活用

　また、同校の3年生の外国語科では、単元「AIと人、優れているのはどちらか？」において、ミニディベート大会を開きました。生徒たちは、それぞれの立場に分かれ、既習事項を活用しながら立論と反論をグループ単位で行い、最後に審判が判定をしました。本時では、「学校の先生は人間である方がよいか、それともAIの方がよいか？」という論題でミニディベートをしました。

　外国語科の自己評価ルーブリックは、ボーナスポイントを付けていることが特徴になっています。当校ではどの教科でもルーブリックの事前配付を原則としているのですが、その効果を上げるにはこうしたボーナスポイントを明示することも有効です。これはまさに、「学びと評価の一体化」という原則を生かした工夫点です。事前配付によって、判断基準が生徒にとって達成すべき学習目標になるからです。

写真5-5　英語ディベートの立論をしている

写真5-6　二つの立場から相手に意見を伝えている

3学年1組　外国語（英語）科

場所：3年1組教室

1．ルーブリック評価（単元）

つけたい力 / 力のレベル	Listening	Speaking	Group Work 貢献度	Judgement
レベル3	先生の英語や相手の主張がほとんど理解できる。	根拠をもって意見を主張し、伝える中で、その場で考えたことも付け足して相手に伝えることができる。	議論に向けて、積極的に協力して作戦を立てることができる。	①主張の明確さ②プレゼンの仕方③資料や情報の内容の3つの視点を意識して評価することができる。
レベル2	相手の主張が7割程度理解できる。	根拠をもって意見を主張し、考えを積極的に相手に伝えることができる。	議論に向けて、協力して作戦を立てることができる。	①主張の明確さ②プレゼンの仕方③資料や情報の内容のうち2つの視点を意識して評価することができる。
レベル1	相手の主張が部分的に理解できる。	友達に助けてもらいながら、自分の意見を伝えることができる。	議論に向けて、言われたことはできる。	①主張の明確さ②プレゼンの仕方③資料や情報の内容のうち1つの視点を意識して評価することができる。
ボーナス	・後置修飾を使って英語を話すことができた。（2P） ・自分たちのチームにジャッジが動いた数だけポイントに追加する。（2P） ・振り返りやまとめを英語でチャレンジすることができた。（2P）			

資料5-1　英語科の自己評価ルーブリック

(4) 道徳科でのルーブリック活用

　また、道徳科においても、ルーブリックを生徒のための目標設定・自己評価ツールとして活用しています。

　1年生の道徳科単元「権利と義務」では、「したいこと（権利）としなければならないこと（義務）を両方大切にするためにはどうしたらよいかな？」を学習課題として、道徳的価値の理解を深める対話や討論に取り組みました。

　この授業では、教科書教材の読解を朝の帯学習で終えていたため、本時ではゆとりをもって合計で37分間もの長時間を対話や議論にあてることができました。また、自己評価ルーブリックには、多面的・多角的に考える

写真5-7　道徳科の授業で学習課題を出している

写真5-8　生徒が付けた自己評価ルーブリック

ことや友だちと意見を比較すること、発表することなどの大切さが自覚できるものになっていました。ルーブリックの活用と討論時間の確保により深い学びが実現しました。

⑸ 体育科でのルーブリックの活用

　同校では、保健体育科においても積極的に自己評価ルーブリックを活用しています。

　3年生のフラッグフットの授業では、学習ボートの中にルーブリック表をはさみ込んで、チーム内の相互評価で用いるようにしました。

　本時では、評価の観点を「課題を把握し作戦を立てる力」とし、1観点・3レベルの簡易なルーブリックにしています。しかし、一つのセルの中に二つの判断基準を書き入れていますので、実際にはもう一つ評価の観点

写真5-9　振り返りタイムで付箋紙に記入している

写真5-10　ルーブリックを用いて相互評価をしている

「動きを考える力」を設定して、2観点・3レベルのルーブリックにしてもよいでしょう。

このルーブリックの特徴は、チームでの相互評価によってメンバー一人一人が本時の学びの成果としてどのレベルに達したかを考えて、名前を記入するようになっていることです。この工夫とルーブリックの事前配付によって、チームの達成意欲が高まりました。

(6) 家庭科でのルーブリック活用

最後に同校2年生の家庭科では、防災教育の一環として、「もし体育館が避難場所になったら、『ともに住まう』ためにはどんな『配慮』が必要だろうか？」を学習課題として、資料活用による調べ学習を行いました。班ごと発表内容を整理すると、「思いやり」「人間関係」「ゆずり合い」といった三つのカテゴリーで多様な方法が提案されました。

本時では、「生活を工夫し創造する能力」「生活や技術への関心・意欲」「話し合いを通じた考えの深まり」という3観点・3レベルの自己評価ルーブリックを配付しました。ここでも、「学びと評価の一体化」の原則にたって、「授業の最初の目標に○、授業の終わりの評価を☆」というように指示して、学習目標を一人一人が明確にもちました。その結果、熱心な議論が展開され、各班でホワイトボードにしっかりとしたまとめが書けていました。

写真5-11　資料を生かしてホワイトボードにまとめている

写真5-12　ルーブリックで自分の学習目標を設定している

第1章
第2章
第3章
第4章
第5章
第6章
Q&A

第6章

教科別の学習評価の
実践事例

「思考・判断・表現」の学習評価

1 国語科の学習評価

単元	第1学年 「情報を集めよう　情報を読み取ろう　情報を引用しよう」「情報整理のレッスン比較・分類」「情報を整理して書こう　わかりやすく説明する」
実践	尾張旭市立旭中学校教諭　白木　圭
対象	レポート
課題	日本の「食」は脅かされているかどうかについて調査し、調べたことを根拠にして自分の考えを800字以内でまとめる。

(1) 国語科の特質を生かした思考・判断・表現の評価

　国語科の様々な知識や技能を総合して活用する必要がある課題（パフォーマンス課題）と、その解決に必要な知識と技能を習得する学習場面を設定して単元を構成します。このようにして作られた単元に沿って学習を進めさせることで、生徒たちは身に付けた国語科の知識や技能を活用することができるようになり、思考力・判断力・表現力等が育成されていくと考えます（図6-1）。

　パフォーマンス課題は未知の課題であり、様々な知識や技能を総合して活用する必要があるものです。どの生徒も簡単にこなせるものではなく、多くの生徒にとって試行錯誤と粘り強い取組が必要とされます。そこで、ルーブリックを生徒たちに明示し、生徒がいつでも自己評価およびフィードバックができるようにします（写真6-2）。さらに、生徒同士による相互評価と教え合い、教員による形成的評価とフィードバックを適時行う機会を設けます（写真6-3）。こうすることで、生徒たちは現在の学習状況を把握することができるようになるだけでなく、課題の解決に向けて何が

【原則1】

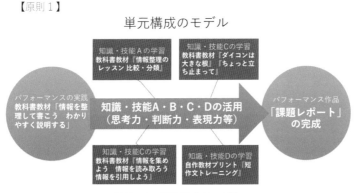

図6-1　単元構成のモデル

足りないのかも分かるようになります。

　ルーブリックをゴールに向かう「道しるべ」のようにして使用させることで、生徒たちは困難な課題にも前向きに取り組むことができるようになります。そして、このようにルーブリックを活用することで、教員は生徒たちの学習状況の詳細を効率的に把握することができ、今後の授業における指導方法や指導内容の修正または調整に役立てることができます。

(2) この教科で求められている具体的な評価の観点は何か？

　中学校学習指導要領の「〔思考力、判断力、表現力等〕の内容」に記載されている「学習過程」を評価の観点として設定することが考えられます。例として、ルーブリックを活用した授業例を使って説明します。

　まず、単元を通して重点的に育成したい資質・能力に該当する箇所を「学習過程」から探します。このとき、その学習過程に対応する「指導事項」の内容も確認します。例えば、「相手に分かりやすく伝えられる文章の構成の仕方を身に付けてほしい」という願いが強くあるならば、該当する「学習過程」は「構成の検討」となるでしょう。よって、その単元における評価の観点の一つを「構成の検討」と設定することができます。

　しかし、「構成の検討」の観点だけでレポートを評価しようとするといくつかの問題が起こります。例えば、序論・本論・結論の構成で、内容の

145

まとまりごとに段落を分けて書いているが、誤字脱字や文法的な誤りが多く、さらに書いている内容がテーマから大きく外れている作文が提出されたとします。このとき、「構成の検討」の観点だけで評価していると、レポート全体の評価がAとなってしまいます。それゆえ、レポートなどのパフォーマンスを評価する際は、複数の観点から総合的に評価する必要があります。

(3) ルーブリックの作成例

表6-1　思考・判断・表現等のルーブリック

評価の観点	思考・判断・表現等		
	ⅰ 情報の収集・内容の検討・構成の検討	ⅱ 考えの形成記述	ⅲ 推敲
評価規準	○「書くこと」において、目的や意図に応じて、指定された題材に関して集めた情報を整理し、伝えたいことを明確にしている。(ア) ○「書くこと」において、書く内容の中心が明確になるように、段落の役割などを意識して文章の構成や展開を考えている。(イ)	○「書くこと」において、根拠を明確にしながら、自分の考えが伝わる文章になるように工夫している。(ウ)	○「書くこと」において、読み手の立場に立って、表記や語句の用法、叙述の仕方などを確かめて、文章を整えている。(エ)
A	①二つ以上の小観点に分類して集めた情報を、段落ごとに分けて整理して書いている。	①根拠が全て、客観的な事実や信頼性の高い情報(公式HPからの引用または新聞や書籍からの引用)である。 ②意見と根拠のつながりが明確である。または、意見と根拠のつながりについて読み手に伝わるように説明がされている。	①根拠となる事実が適切に(教科書P.66の引用の仕方に沿って)引用されている。 ②誤字脱字・文法的な誤りが全くない。
B	②テーマに沿って、調査する大観点(話題)を一つにしぼっている。 ③二つ以上の小観点に分類して情報を集めている。 ④序論・本論・結論の構成で作文している。	③根拠の中に、客観的な事実や信頼性の高い情報が一つ以上含まれている。	③誤字脱字、文法的な誤りはあるが、内容理解を妨げていない。
C	⑤調査する大観点(話題)がテーマからずれている。または、大観点を一つにしぼることができていない。 ⑥小観点の内容がテーマからずれている。あるいは、観点ごとにまとめられていない。 ⑦作文が、序論・本論・結論の構成になっていない。	④意見または根拠が(あるいは意見も根拠も)テーマからズレている。 ⑤根拠が、客観的な事実や信頼性の高い情報に一つも基づいていない。	④誤字脱字、文法的な誤りが多く、内容理解を妨げている。

・C基準の内容に一つでもひっかかっていたらC評価とする。
・C基準の内容に引っかかっていないが、B基準の内容で出来ていないものが一つでもあればB-評価とする。
・B基準の内容をすべてクリアしているが、A基準の内容が一つもできていなければB評価とする。
・B基準の内容をすべてクリアしているが、A基準の内容で出来ていないものが一つでもあればB＋評価とする。
・A基準の内容をすべてクリアしていればA評価とする。

そこで、ルーブリックでは観点別にＡ・Ｂ・Ｃの評価を付けて、合計点を付けるのです（表6-1）。そうすれば、先ほどの例で挙げたレポートは、「構成の検討」の観点についてはＡ評価となりますが、「推敲」の観点と「情報の収集と内容の検討」の観点の評価はいずれもＣとなり、全体の評価を妥当なものにすることができるでしょう。それぞれの観点の点は必ずしも均等に割り振る必要はなく、単元で重点的な育成を目指している力に高得点を割り振ることがあってもよいでしょう。

⑷ 授業での活用事例と生徒の作品例

　ルーブリックは、パフォーマンスの効果的な評価という利点だけでなく、「効率的」に評価できるという利点ももっています。

　中間・総括的評価をする際は、生徒の作品とルーブリックシートを一緒に回収します。そして、生徒の作品の中の不十分なところに図のように朱書きします（写真6-1）。ルーブリックと対応させることで、生徒は不十分な部分の何を修正すればよいのかを理解することができます。教員は、不十分な箇所が分かるようにして、そこへルーブリックに対応した記号を記入するだけで、生徒に詳細なフィードバックを与えることができます。このようにすることで、これまでのように、一つ一つ文章で朱書きをする必要がなくなり、評価の効率が格段に上がります。

　しかし、1回で完璧なルーブリックシートを作成することは大変難しいです。ルーブリックに記載されている内容が生徒に合っていなかったり、育成を目指す資質・能力を的確に評価できる内容になっていなかったりすると、生徒たちの作品を評価する際に、ルーブリックに記載した内容で拾いきれない事柄が多数出てきてしまいます。

　その対策として、ルーブリックシートに後から説明を付け加えられるように余白を作っておくとよいでしょう。形成的評価や中間評価をした際に、ルーブリックの不十分なところに気付いたら、生徒達全員にルーブリックに追加する内容を伝えて記入させるのです（写真6-2、写真6-3）。

日本の食が脅かされていることについて僕は、日本の食が危機に侵されていると考えました。なぜならまだ食べられるのに日本で食べ物が一年に612万トンも捨てられているからです。

一年に612万トンも捨てられていたら地球温暖化が進んで魚が暑さで死んでしまいます。すると、日本の伝統の魚料理や寿司など色々な日本の美味しい食べ物が食べれなくなります。さらに、暑くなるとそれ以外にも影響があり、「稲が育たなくなったり」お米やフルーツ野菜などみなさんが毎日食べている食べ物が食べられなくなります。

そして生産が落ちて毎日食べていた魚や果物など食べ物が毎日食べれなくなります。でも地球温暖化がなくなると気温が下がるから魚や果物やお米などがいっぱい食べれるようになり色々なメリットがあります。

日本の食は脅かされているのか。私は脅かされていないと思う。なぜなら、食料自給率を上げる方法はいくらでもあるからだ。

日本の食料自給率が下がっているのは知っているだろうか。日本では約六十一％を輸入に頼っているのである。こう見ると海外から食料が来なくなったらと思うと脅かされているのではと、思う人がいるだろう。

ですが私はこう考えた。今日本では3Dプリンターを使った食料づくりの実験をしている。もしこれで作った食料が手軽に食べることができたら、食料自給率も回復方向へと向かうと思わないだろうか。実際に培養肉の製作やさけ、ピザなどのプリントができるようになっている。

また、食料自給率の回復は容易ではなく、新しい食べ物に挑戦するというてもある。それは、昆虫食だ。その名の通り昆虫を食べることだ。日本だけではなく世界でも注目を受けている。左の図を見てほしい。この図はタンパク質一kgあたりの温室

効果ガス排出量のグラフである。ミールワームとは、ゴミムシダマシの幼虫のことだ。見てわかる通り最小でもミールワームより2倍以上もガスを排出することがわかる。さらに、左の図を見てほしい。これはコオロギと食肉との栄養比較の図だタンパク質の量を比較するとほぼ同等の量があることがわかる。

以上のことから、食料自給率が低くても、なんとかなりそうだ。だから、日本の食は脅かされていないと考える。

写真6-1　生徒の作品の中の不十分なところに朱書きをする

写真 6 - 2　ルーブリックシートを使って
自己評価・推敲・修正をしている様子

写真 6 - 3　ルーブリックを使って他者評
価活動をしている様子

単元	第3学年　公民的分野「よりよい社会を目指して」
実践	目黒区立第七中学校教諭　増田真裕花
対象	ニュースの発表（「発表方法」と「ニュースの原稿」）
課題	関心のあるニュースを調べて、現代の世の中の出来事と学んだ内容を結び付け、ニュースの要約と自分の考えをまとめ、発表する。

(1) 社会科の特質を生かした思考・判断・表現の評価

　社会科の思考・判断・表現の評価については、レポートを書かせたり、定期考査で思考問題を解かせたりして評価をしています。今回は、新たな試みとして、3年生の公民的分野の授業の始まった後、ニュースの発表を毎時間の授業で発表させることで「思考・判断・表現」と「主体的に学習に取り組む態度」の2観点で評価することにしました（ここでは、前者について解説します）。

　社会科の学習指導要領のD「私たちと国際社会の諸課題」の（2）「よりよい社会を目指して」では、「私たちがよりよい社会を築いていくために解決すべき課題を多面的・多角的に考察、構想し、自分の考えを説明、論述すること」と示されています。そこで、公民的分野を学びながら、ニュースを自分で調べることで、現代の世の中の出来事と学んだ内容とを結び付け、さらに自分の考えを説明することで、現代社会の課題を深く考察することができるのではないかと考えました。

　評価方法は、「発表方法」と「ニュースの原稿」の二つの評価材料から、後述するルーブリックをもとに評価しました。発表前にはニュース発表のやり方やルーブリックを提示しました。あらかじめルーブリックを提示することで、教師からは評価の在り方についてしっかりと説明をすることができます。また、生徒もレベル3（評価のレベル）を目指して真剣に課題に向き合ってくれるため、発表前にはルーブリックを提示することが大切です。また、生徒が友だちの発表を評価する「発表評価シート」を作成す

ることも大切です。授業の時間内でニュースを議論する時間は取れません
が、発表を聞いてニュースに対する自分の考えをもつことで、色々な現代
社会の課題に目を向け、深く考えることができます。また、他の発表者の
工夫点をメモしておくことで、次回の自分の発表につなげることもできま
す。さらに、教師も評価をする際に、後から生徒の評価を参考にしながら、
評価をすることができます。

(2) この教科で求められている具体的な評価の観点は何か？

　中学校学習指導要領の社会科の「内容の取扱い」では、「イ生徒が内容
の基本的な意味を理解できるように配慮し、現代社会の見方・考え方を働
かせ、日常の社会生活と関連付けながら具体的な事例を通して、政治や経
済などに関わる制度や仕組みの意義や働きについて理解を深め、多面的・
多角的に考察、構想し、表現すること。」と示されています。

　普段の公民的分野の授業の中で、教員が学習内容に合ったニュースを新
聞やインターネットから提示することもできるでしょう。しかし、それに
ついて考えさせる時間を十分につくらなければ、生徒は自分事に落とし込
んで、深くその課題を見つめることはできないのではないかと感じまし
た。そこで、自分が関心のあるニュースと既習事項を結び付け、自分の考
えを表現する発表活動は、この内容の取扱いで示された目標に近づけるこ
とができると考えました。

　また、さらに「ウ分野全体を通して、課題の解決に向けて習得した知識
を活用して、事実を基に多面的・多角的に考察、構想したことを説明した
り、論拠を基に自分の考えを説明、論述させたりすることにより、思考力、
判断力、表現力等を養うこと。また、考察、構想させる場合には、資料を
読み取らせて解釈させたり、議論などを行って考えを深めさせたりするな
どの工夫をすること。」と示されています。

　ニュース発表は、インターネットや新聞を用いて情報収集を行うため、
「資料を読み取らせて解釈」させることもできます。さらに、口頭だけで
ニュースの説明と自分の考えを発表させるのではなく、ニュース記事を貼
る用紙も用意し、ニュースの要約と自分の考えを3～4行でまとめさせる

ことにより、資料を要約する力も身に付けられると考えました。

（3）ルーブリックの作成例

　前述したように、評価方法は「発表方法」と「ニュースの原稿」の二つの評価材料から、評価をすることにしました。そして、何を評価するかを考えました。「発表方法」の評価材料からは「発表の仕方」と「内容の深まり」を評価し、「ニュース原稿」の評価材料からは「レイアウトの工夫」を評価することにしました。

　ルーブリックを作成する上で、まずはレベル３（評価のレベル）に相当する発表はどのようなものかを考え、自分が評価する上で大切にしたいことをもとに、下記のようなルーブリックを作成しました（表６-２）。

　「発表の仕方」については、発表時間の３分を守ることと原稿を見ずに前を向き、相手に伝わる大きな声で発表すること。「内容の深まり」については、新聞の記事をよく理解して、論理的に自分の考えを伝えること。「レイアウトの工夫」については、読み手の立場に立ってレイアウトを考えること。以上の３点が大切であると考え、レベル３の文章を完成させてから、レベル２や１を考えました。「レイアウトの工夫」については、生徒に対して口頭でグラフ等を載せるとよいと説明したため、「イラストや写真、グラフを入れたり」と文言を追加してもよいと思います。やはり、実際にグラフを入れて説明する発表はとても説得力がありました。

表６-２　「今日のニュース」の思考・判断・表現のルーブリック

評価のレベル ＼ 評価の観点	レイアウトの工夫	内容の深まり	発表の仕方
レベル３	イラストや写真を入れたり、レイアウトを工夫したりして、読み手に伝わるように工夫している。	新聞の記事をよく理解して自分なりにまとめ、それに対する自分の考えを筋道を立てて述べている。	発表時間の３分（前後10秒）を守り、前を向いて、大きな声で相手に伝わるように発表している。
レベル２	文字を大きくして見やすくする工夫はあるが、記事の文章量が多過ぎて、読み手の立場に立ったレイアウトの工夫が少ない。	新聞の記事を写し、それに対する自分の考えを述べている。	前を向いて、大きな声で相手に伝わるように発表している。
レベル１	記事の文章だけ写し、読み手の立場に立ったレイアウトの工夫が少ない。	新聞の記事を写しただけで、自分の考えが書かれていない。	発表時間が少なく、前を向いて大きな声で発表することができていない。

⑷ 授業での活用事例と生徒の作品例

　ここでは、筆者が授業で実践したニュースの発表「今日のニュース」について説明します。前述したように、3年生の公民的分野の授業が始まってから、この発表を行いました。発表のやり方の説明については、公民の授業のガイダンスとともに行いました。発表の時間は3分で、ニュースの概要とそれに対する自分の考えを説明します。また、発表前には、あらかじめ新聞記事や新聞の概要、自分の考えをまとめた原稿を提出してもらうようにします。私は、生徒にB5のノートを用意してもらい、毎時間友だちの原稿をノートに貼っていく作業をさせています。友だちの発表が自分の発表の参考になるほか、中学校生活最後の学年である3年生にクラスの思い出として残してもらいたいという気持ちから、ニュースの原稿をクラスの人数分コピーしています。

　写真6-4、写真6-5の生徒の作品は、A評価の例です。一つの新聞記事の内容を取り上げていますが、それに関連するグラフをインターネットで検索し、多面的・多角的に一つの事象を考察することができています。

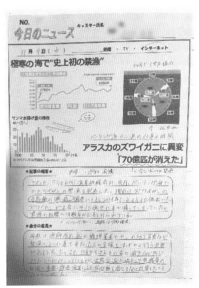

写真6-4　生徒Aの作品

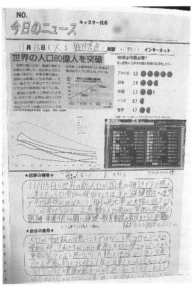

写真6-5　生徒Bの作品

生徒Aの作品は、「アラスカのズワイガニ禁漁」という記事で発表したのですが、日本のサンマの水揚げ量も減っていることから、サンマの禁漁も起こるのではないかと別の事例も用いて、発表していました。最終的には「世界各国で協力して漁獲量の制限や養殖・栽培漁業により個体数を増やすなど対策をたてるべき」と自分の考えを述べています。

　生徒Bの作品は、「世界人口80億人を突破」という記事で発表したのですが、「人口増加に伴い、私たちがいかに資源を大切に使うかがこれから重要になってくる」という自分の考えを裏付けるために、関連する情報を調べ、世界がどれだけ資源を使用しているかというデータを示しました。ルーブリックであらかじめ「レイアウトの工夫」や「内容の深まり」を提示しているからこそ、レベル3を目指して、このような作品を作り上げてくるのです。このような事例から、発表で思考・判断・表現を評価する際は、あらかじめルーブリックなどの生徒に分かりやすく具体的な評価を示すことが大切です。

● 「今日のニュース」について

・順番にニュースキャスターになり、新聞やTV、インターネットから情報収集をし、「時事問題」を解説する。

・キャスターは、「○月○日○曜日の○○新聞（TV、インターネット）からの記事を紹介します」と伝えてから、内容を発表する。

・発表については、大きな見出し（タイトル）は紹介すること。記事の内容は全部読むのではなく、要点をまとめて話すこと。

・ニュースの概要を説明した後、記事の内容についての自分の考えや意見をきちんと述べること。

● 「今日のニュース」の相互評価について

①声の大きさ　②説明の分かりやすさ　③発表の長さ　④自分の考え　の4つの観点をそれぞれ4段階（4・3・2・1）で評価し、16点満点で点数をつけさせる。また、新聞記事の内容に対する感想や発表を見て自分の発表に取り入れたいことについて、記入する欄をもうける。

(5) 実践の成果と今後の課題

　授業の中で「思考・判断・表現」を評価するとなると、レポートを作成させたり、授業の大きな発問の中で自分の考えを書かせたりと、その問いを考えたり、資料を作成したりするのにもかなり時間がかかります。今回の実践では、公民的分野のどの単元にも結び付けられ、学習指導要領の「よりよい社会を築いていくために解決すべき課題を多面的・多角的に考察、構想し、自分の考えを説明、論述すること」にあてはまる実践でありながら、誰でもすぐに実践できるものを考えることができたのは成果です。

　また、ルーブリックのような具体的な評価ツールを生徒にあらかじめ提示することで、より優れた成果物ができます。しかしながら、生徒はレベル3を目指して発表に取り組むので、ほとんどの人がレベル3に該当しますが、レベル3の中でも幅があります。次回からは、A評価は7～10点といった、各評価に幅をもたせることを検討していきたいと思います。

単元	第2学年　データの活用「確率」
実践	稲城市立稲城第一中学校教諭　菅原　亮
対象	レポート
課題	単元の課題に取り組み、単元レポートを作成する。

(1) 数学科の特質を生かした思考・判断・表現の評価

　筆者が担当している数学科での「思考・判断・表現」については、表6－3に示す①～③の方法で評価をすることにしています。

表6－3　学期ごとの評価方法と点数（点数は100点満点）

評価の方法	点数
①ペーパーテスト（定期考査）	80点（40点×2回）
②論述テスト（小テスト）	10点（1回）
③単元レポート	10点（1回）

①ペーパーテストの原則

・全国学力・学習状況調査を参考に活用問題を出題します。

・思考・判断・表現＝文章問題ではなく、出題のねらいを明確にします。

②論述テストの原則

・問題解決型の問題で、理由や説明、証明などを記述式で回答します。

・回答はプロセスを評価します。

・評価基準や解答類型は事前に作成し、客観的に判

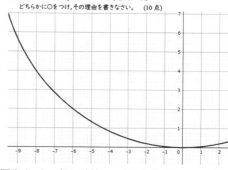

問1 次のグラフは関数 $y=ax^2$ のグラフと考えてよいか。
どちらかに〇をつけ、その理由を書きなさい。　(10点)

写真6－6　〈04_論述テスト3年関数1枚目〉「数学教育2020年6月号」明治図書、2020

断できるものにします。

・特異な解法（試行錯誤的な解法、発展的な解法など）については、採点基準を別に定め、生徒の作品を残しておきます。

③単元レポートの原則

・自力解決、ペア・グループ学習、全体での共有を経て、修正・改善したものをルーブリックで評価します。

・学期に１回程度、重点化した単元でレポート作成を行います。

・学期末などに設定し、採点は長期休業中などに実施します。翌学期の評定の一部とします。

(2) この教科で求められている具体的な評価の観点は何か？

中学校学習指導要領解説数学編（平成29年告示）では、数学科の目標の中で思考力・判断力・表現力について三つの能力の育成に触れています。

【数学科における思考力・判断力・表現力】
①数学を活用して事象を論理的に考察する力
②数量や図形などの性質を見いだし統合的・発展的に考察する力
③数学的な表現を用いて事象を簡潔・明瞭・的確に表現する力

また、中学校数学科の特性として「知識及び技能」を活用し、「思考力・判断力・表現力」が働く場面が多いです。「数学的な見方・考え方」を働かせながら三つの資質・能力のバランスを十分に考え、単元や対象となる評価を構成する必要があります。

これらを踏まえた具体的なルーブリックにおける評価の観点は、次のようなことを組み合わせることが考えられます。

【ルーブリックにおける評価の観点】
・知識・技能の活用
・上記の思考・判断・表現の三つの能力（①～③）
・（問題、授業内などの）条件の充足

単元レポートを評価するルーブリックは、以下のとおりです（表6-4）。

表6-4　単元レポートを教師が評価するためのルーブリック

評価の観点		知識・技能の活用	数学を活用して事象を論理的に考察する力	統合的に考察する力
評価規準		樹形図等を用いて、起こりうる場合を全部あげ、課題解決に必要な確率を求めることができる。	数学的に表現・処理し、問題を解決し、解決過程を振り返り得られた結果の意味を考察することができる。	類似的な事柄の間に共通する性質を見出すことができる。
判断基準	レベルA	樹形図等を用いて、(1)と(2)の確率を求めることができている。	(2)において、条件設定の説明、樹形図、A・Bの確率、結論を組み合わせて、わかりやすく問題解決したプロセスと結果を記述できている。	(1)(2) 両方の結果を用いて、関連付けた課題の結論を記述できている。※1
	レベルB	樹形図等を用いて、(1)と(2)の確率を求めようとしているが、いずれかに誤りがある。	(2)において、条件設定の説明、樹形図、A・Bの確率、結論を組み合わせで、いずれか1つの問題解決したプロセスや結果の記述に不足がある。	(1)または(2)のみの結果を用いて、課題の結論をしている。
	レベルC	樹形図を用いて、(1)や(2)の計算を求めることができない。	(2)において、条件設定の説明、樹形図、A・Bの確率、結論を組み合わせで、複数の問題解決したプロセスや結果の記述に不足がある。	課題に対しての結論がない。

※採点結果を「思考・判断・表現」の評価観点の得点に部分点として組み入れる。

〈解答類型〉観点3について

レベルA

・(1)(2)と関連付けた結論（くじの本数や当たりくじの本数に関わらずA・Bの確率が等しいこと）を予想している。

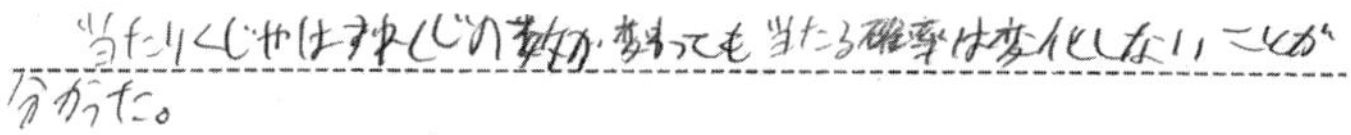

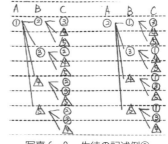

写真6-7　生徒の記述例①

・(1)(2)以外にくじの本数や当たりくじの本数など条件を変えて、それぞれの確率を求め、(1)(2)と関連付けた結論と統合的に考察している。または比較検討している。

・(1)(2)を関連付けてくじの本数m本、当たりくじの本数n本の場合の場

写真6-8　生徒の記述例②

合についてA・Bのそれぞれの確率を予想している。

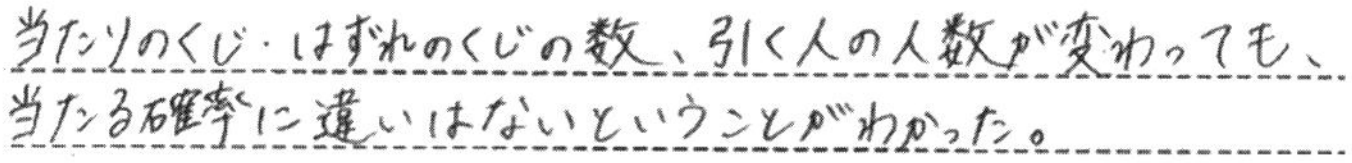

当たりのくじ・はずれのくじの数、引く人の人数が変わっても、
当たる確率に違いはないということがわかった。

写真6-9　生徒の記述例③

レベルB

・（1）または（2）のみの結果を用いている。

・結論は合っているが、（1）（2）の関連付けが明確ではない。

くじを引く順番では、くじの当たる確率は変わらない。

写真6-10　生徒の記述例④

⑷　授業での活用事例と生徒の作品例

　第2学年「確率」の単元での活用事例です。単元の最初に課題を設定し、単元の終盤で課題に取り組みます。

> 課題　くじ引きをするとき、先に引くか、後で引くかによって、当たりやすさに違いがあるでしょうか。確率の考えを利用して説明してください。

　課題を先に設定することで、生徒は学習の見通しをもち、この問題解決に必要な知識・技能を主体的に学ぶことができます。

　授業は以下のような流れで進みました。

【授業の流れ】

① 課題を提示する。

② 結果を予想し、焦点化した問題で示す。

③ 「（1）4本のうち2本が当たりの場合」について自力解決と全体で共有。

④ 「（2）5本のうち3本が当たりの場合」について自力解決、ペア・グ

写真6-11　板書例

写真6-12　相互評価で一つ目の観点をA
にする様子

写真6-13　班別発表の様子

　ループワークで発表、修正タイム。

⑤ （1）（2）を比較し、共通点や相違点、疑問点を話し合う。

⑥ 本時の課題についてレポートを出題する。

(5) 実践の成果と今後の課題

〈成果〉

・ルーブリックを用いてレポートを多面的に評価することで、修正点が明
　確になり、生徒が自ら修正・改善する姿が多く見られました。

〈課題〉

・書くことが苦手な生徒や「知識・技能の活用」が不十分な生徒に対して
　は、個別の支援が必要です。

4　理科の学習評価

単元	第3学年　「電解質の水溶液の中で起こる変化」
実践	津島市立暁中学校教諭　村瀬琢也
対象	レポート
課題	単元の課題に取り組み、単元レポートを作成する。

(1) 理科の特質を生かした思考・判断・表現の評価

　多くの解説書などで示されるように、現在の中学校学習指導要領では、「探究的な学び」が新しい授業のかたちとして求められていて、教科書も「探究」に重点を置いて作られています。本校で用いている理科の教科書ではいくつかの小単元が「探究をレベルアップ」として設定されていて、「探究的な学び」の資質・能力を育成するための活動を特に充実させることがねらいとなっています。この「探究をレベルアップ」を重点単元とし、「思考・判断・表現」の評価についてルーブリックを設定して生徒に示すことで、「探究的な学び」への取組から「思考・判断・表現」を評価することを考えました（参考：『探究する 新しい科学』東京書籍）。

(2) この教科で求められている具体的な評価の観点は何か？

　この考えから、教科書を生かし、教師用指導書の「指導計画・評価」で重視されているものとして、以下の三つの観点を設定しました。

①知識・技能の活用

　主にレポートの記述を評価対象とし、ここまでの学習内容や、対象の単元での学習に沿って得ていく知識・技能が、仮説・実験計画・考察やそれらの説明に生かされているかどうかを評価します。

②科学的な考察

　実験・実習の結果から規則性や関係性を見いだし、必要に応じてモデルやグラフなどを用いてレポートに表現することを目標として、評価規準を

設定し評価します。この項ではイオンについて探究する授業実践をまとめたため、ルーブリックの観点は原子や電子などの「粒子モデルを使った考察」としました。

③論理立てた説明

　探究の過程を振り返る場面や、身のまわりで起こっている現象について表現する課題で、結論へ向かうための根拠を示しながら説明できているかどうかを評価します。

(3) ルーブリックの作成例

　本単元で用いた生徒のレポートを、「思考・判断・表現」の観点から評価するルーブリックは、以下のとおりです（表6-5）。

表6-5　中学校3年「化学変化とイオン」小単元名「電解質の水溶液の中で起こる変化」のルーブリック

評価の観点		①知識・技能の活用	②粒子モデルを使った考察	③論理立てた説明
評価規準		既習の原子や電流についての内容を活用して、実験結果を予想したり、結果から考察したりしている。	塩化銅水溶液の電気分解における各電極で起こる変化を、粒子モデルを用いて科学的に考察している。	電気分解が起こるしくみを教科書に示されたキーワードの意味を捉えて、論理立てて説明している。
判断基準	レベルA	原子の性質や電流が電子の移動であることをもとに、実験結果の予想や考察を進めている。	実験結果をもとに、塩化銅水溶液の電気分解における各電極で起こる変化と電流が流れる理由を、粒子モデルを用いて図示し、説明している。	電気分解が起こるしくみについて「陽極、陰極、電気を帯びた粒子」というキーワードの意味を捉え、これまでの学習内容をもとに、論理立てて説明している。
	レベルB	原子の性質についての既習事項を生かしながら、電気分解で起こる変化を予想したり、結果から考察したりしている。	塩化銅水溶液の電気分解で塩素と銅が発生する理由を、粒子モデルを用いて図示している。	教科書に示される「+の電気を帯びた銅原子のもと」などの意味を捉え、電気分解における各電極の変化を説明している。
	レベルC	実験結果と原子の性質を結び付けて考えることができていない。	電気分解が起こるしくみについて、粒子モデルを用いた考察に取り組んでいない。	電気分解が起こるしくみについての説明に、教科書に示されたキーワードを用いていない。

(4) 授業での活用事例と生徒の作品例

　初めに、ルーブリックを配付し、生徒に達成したいレベルに○をつけて目標とすること、くり返し見てレポートや振り返りの記述に生かしてほしいことを伝えました（資料6-1）。レポートは、主に学習支援ソフト『ス

クールタクト』上に作成するよう設定し、単元の学習を進めながら仮説を立てる場面、分析・解釈の場面、考察する場面などをスモールステップで分けて学習課題としました。レポート課題に取り組む場面では、他の生徒の作品を自由に閲覧したり、席を立って意見交換や質問などの交流をしたりしました。

○ ↓ルーブリック(がんばってほしいことレベル表)

	知識・技能の活用	粒子モデルを使った考察	論理立てた説明
レベルA	原子の性質や電流の正体について、これまでに学んだことをもとに、実験結果の予想や考察を進めている。	塩化銅水溶液に電流が流れる場面で起こっていることを、粒子モデルを用いて考え、図示して説明している。	電気分解が起こるしくみについて、論理立てて(結論へ向かうための根拠をきちんと示しながら)説明している。
レベルB	原子の性質について学んだことを生かしながら、電気分解で各電極に起こる変化を、予想したり結果から考察したりしている。	塩化銅水溶液に電流が流れる場面において各電極で起こる変化を、粒子モデルを用いて図示している。	教科書に示されるキーワードの意味を捉え、電気分解における各電極の変化を説明しようとしている。

資料6-1 目標に○をつけた生徒のルーブリック

①電流が流れているときの水溶液の変化を調べる

電解質の水溶液に電流が流れているときの様子を思い出し、仮説を立てて塩化銅水溶液の電気分解の実験を行いました(資料6-2)。

電解質の水溶液に電流が流れるとき、水溶液と電極では何が起こっているだろうか？

電気分解されて原子が電極に移動している

塩化銅水溶液に電流が流れるとき、電極付近ではどのような変化が起こるだろうか。

電気分解が起きて銅と塩素に分かれる

資料6-2 実験前の生徒の仮説

②実験結果をまとめ、モデルを使って考察する

①の実験結果を整理し、電流が流れている間に、水溶液に何が起こっているのかを考察しました。各自で考えた後、それをグループでまとめ、そのまとめを別のグループと伝え合った後、全体で共有しました。

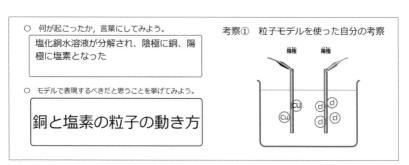

資料6-3　実験結果をもとに各自で考えた場面での生徒の考察

③電気分解で起こる変化をまとめる

②で共有した各グループのまとめから、自分の考察を振り返って修正しました。それをもとに電気分解が起こるときの変化を板書にまとめました。振り返りの場面では、今後、イオンについて直接学ぶことに向けて、まだ十分に説明できないことや、疑問点などにも注目して記述をするように指示しました。

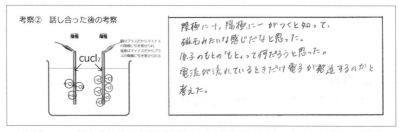

資料6-4　話し合い後の考察（資料6-3と同じ生徒のもの）と振り返りの記述

(5) 実践の成果と今後の課題

①通知表や指導要録に用いる評価へ

　生徒には、(3)で示したものと同じ内容で、できるだけ伝わりやすい言葉
にしたルーブリックをプリントで配付し、単元の途中でくり返し見るよう
に伝えました。それによって、教師と生徒が評価規準を共有しながら学習
を進めることができました。

　また、新学習指導要領に対応させた「探究的な学び」においてレポート

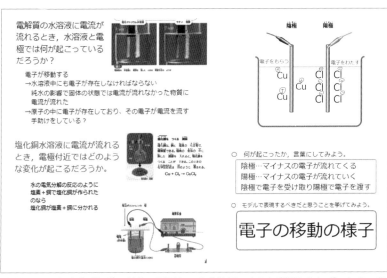

資料6-5　観点①「知識・技能の活用」で十分満足できると評価したレポートの一部

資料6-6　観点②「粒子モデルを使った考察」で十分満足できると評価したレポートの一部

165

塩化銅水溶液に電流を流すと何があるかは
最初全くわかりませんでした。
だけど去年の水の電気分解と思いまして、分解される!!と予想
ができたのではないか。ただ、
プリントには陰極⇒銅、陽極⇒塩素とかいたけど
なぜそうなるかがよくわかってないので
次の授業までに考えておいです。

スクールタクトの粒子モデルを使って表す問題は
CuCl₂の化学反応式(Cu+Cl₂)を使いながら
考えることができました。例えばそれぞれの数、Cl₂は「₂」が
ついているからCuの倍になるなど考えることができたので
良かったです。
また前回のなんで銅が陰極、塩素が陽極なのかは
陰極につくなら+の電気、陽極につくなら一の電気と考え
（だから）
班に表すことができました。

資料6-7　観点③「論理立てた説明」で十分満足
できると評価した生徒の振り返りの一部

を完成させていく中で、生徒の性格や行動面の傾向ではなく、「思考・判断・表現」の観点に基づく評価の材料を得ることができました。

② 「個別最適な学びと協働的な学びの一体的な充実」の促進

ルーブリックの活用を通じて、生徒たちの「探究的な学び」と「個別最適な学びと協働的な学びの一体的な充実」を促進することができました。

また、ルーブリックで目標が明確化された結果、以前は他の生徒との交流に遠慮がちだった生徒の課題への取組が活発化したと感じられました。この変化は、設定された明確な目標に触れることで、生徒自身が学びの

資料6-8　考察の場面で生徒が交流する様子（上）とルーブリックを確認しながらレポートに取り組む様子（下）

方向性を理解し、質問や意見交換に必要性を感じて行動した結果であると考えられます。レポート作成の場面でも、生徒たちはルーブリックをくり返し確認し、各自が設定した目標に向けてより丁寧な記述を心がけていました。

　今後は、モデルの有効活用や表現の工夫を促すことで、説明の質をさらに向上させるルーブリックの開発や活用に努めていきたいと考えています。

●理科でのルーブリックを生かして探究的な学びに取り組んだ生徒が、総合的な学習で作成した論文の抜粋

　～ここでは、集中力を高めるためにはブドウ糖や有酸素運動が良いということを明らかにするために、それを行って勉強したときと行わず勉強したときを比較する対照実験の手法を用いた。1週間毎にブドウ糖や有酸素運動の量を変化させてみたり、組み合わせたりした。

　～ブドウ糖の摂取とジョギングペースで500mくらいを走ることをどちらも行ってみると、集中できた時間が2時間30分と一番多かった。

　～集中力を高めることを目的にブドウ糖と有酸素運動がどう関係してくるかについて調べたところ、集中できる時間が30分から1時間くらい長くなるということがわかった。つまり、ブドウ糖と有酸素運動は少しばかり効果があるということがわかった。

　～気持ちとか気合とか根性の方が原動力となり、集中力を高めるとも思うが、今回調べた結果でも効果はあるので、今後はもっと長く集中できるものを調べてみたいと思った。

5　外国語科の学習評価

単元	第２学年　「A Message to Myself in the Future」など
実践	尾張旭市立西中学校教諭　彦田泰輔
対象	英作文（意見文）
課題	関心のある事柄、日常的な話題、社会的な話題に関して読んだことについて、考えたことや感じたこと、その理由などを英語で書く。

(1) 外国語科の特質を生かした思考・判断・表現の評価

　外国語科の特質として「思考・判断・表現」の評価は、「各教科等の知識及び技能を活用して課題を解決する等のために必要な思考力、判断力、表現力を身に付けているかどうかを評価する」とあるため、教師は「児童生徒が思考・判断・表現する場面を効果的に設計」することが必要です。

　「聞くこと」「読むこと」の理解領域では、いわゆる「概要・要点・必要な情報」を捉える力、また「話すこと」「書くこと」の表現領域では、いわゆる「目的・場面・状況」に応じて表現する力が測れるような題材設定を行い、その工夫を評価したいと思います。本稿では表現領域を中心に紹介します。

(2) この教科で求められている具体的な評価の観点は何か？

　「コミュニケーションを行う目的・場面・状況などに応じて、日常的な話題や社会的な話題について、事実や自分の考え、気持ちなどを簡単な語句や文を用いて、話したり書いたりして表現したり、伝えあったりしている状況を評価する」必要があるので（『「指導と評価の一体化」のための学習評価に関する参考資料』国立教育政策研究所）、単元の最後に意見文を書くというパフォーマンス・テストを想定した場合、「論旨の明確さ」や「導入・本論・結論の型ができているか」、理由、逆説、条件、譲歩などの「話の流れを示す接続詞の適切な使用」が評価の観点として考えられます。

また、同じ意見文を評価する際には、「知識・技能」の評価の観点としては、英語使用の正確性の面から「単語・文法のミス」を同時に評価することもできます。

(3) ルーブリックの作成例

　教科書『NEW HORIZON English Course 2』（東京書籍）の単元「A Message to Myself in the Future」や、同『NEW HORIZON English Course 3』の単元「A Mother's Lullaby」などにおいて用いるルーブリックを次のように作成して活用しています（表6-6）。

　ここでは、関心のある事柄、日常的な話題、社会的な話題に関して読んだことについて、考えたことや感じたこと、その理由などを書く活動になります。テーマは、教科書の題材と結びつけること以外にも、生徒の実態に合わせてより自由に個性的に設定するとよいでしょう。

　テストでは、写真6-14のように三つの中から選択できるようになって

表6-6　意見文を採点する外国語科のルーブリック

評価規準／配点	0点	1点	2点	3点	5点
自分の考えを明確にしている	語数にかかわらず、自分の意見が述べられていない。	自分の意見だけで理由はなく、3文未満。	自分の意見と理由はあるが、4文未満。	5文以上の自分の意見はあるが理由はない。	自分の意見について理由をつけて5文以上で述べている。
導入、本論、結論がある（段落にわけているか）	ほとんど書いていない。	段落に分かれていないし、順序も乱れている。	段落に分かれていないが、順序立てて書いてある。	段落に分かれているが、順序が乱れている。	段落に分かれていて、順序立てて書いてある。
「話の流れを示す4種類の語句」を使用している	自然な話の流れの中で、1種類しか正しく使用していない。	自然な話の流れの中で、2種類は正しく使用している。	自然な話の流れの中で、3種類は正しく使用している。	4種類とも使用しているが、話の流れが不自然になっている。	自然な話の流れの中で、4種類とも正しく使用している。
単語のつづりや文法は正しい	文法・単語の文法ミスが6カ所以上。	文法・単語の文法ミスが5カ所。	文法・単語の文法ミスが4カ所。	文法・単語の文法ミスが3カ所。	文法・単語のミスが2カ所以下。
適切な長さがあるか（書けたところまでで加点）					
難しい題材で書くことができたか	OPINION ①		OPINION ②		OPINION ③

OPINION ① Yesterday I got on a train to Sakae. There were a lot of people in the train. I wanted to have a seat, but I couldn't. At that time, I saw a young boy. He looked like a junior high school student. He was sitting on a priority seat. I think young people shouldn't sit on a priority seat. What do you think?

OPINION ② Do you like English? I don't like it. Why do I have to learn English at junior high school? I asked one of my friends. He told me "In many other countries, students learn English, so Japanese students should learn English, too. And globalization is going on. So, if we learn it, we can communicate with many people around the world." I can understand his opinion, but I think we don't have chances to meet foreign people in Japan. Actually, some adults cannot use polite Japanese. We need to speak perfect Japanese. We should learn Japanese more at junior high school. What do you think?

OPINION ③ SDGs are all around us. Many countries and companies use the idea of SDGs these days. What is the good point of SDGs? Choose one goal and write down your opinion.

写真6-14　テストで選択する三つのテーマ

います。OPININ ③は SDGs に関するものです。本校では、2年生の総合的な学習の時間に SDGs に関する学習を行っています。このほかにも、道徳科で取り扱った「ハゲワシと少女」や杉原千畝の「六千人の命のビザ」（教育出版）の内容や、学級活動の「学級力向上プロジェクト」で行った学級の諸問題の解決策をテーマとして設定したこともあります。このような教科横断的なテーマ設定も意欲的に行っていきたいと思います。

　ルーブリック評価表は、生徒にとっての目標値になり、資質・能力の意識化にもなります。この意見文を書かせる活動を、理由を表す接続詞が初出する単元（2年生）で最初に行い、3年生のときにもまた、1、2度行っています。3年生で行った際には、1番上の項目の基準をより高度なものに変更しています。このようにして、より高い資質・能力の育成につなげることも可能です。

(4) 授業での活用事例と生徒の作品例

　中学生にとって英語で意見文を書くことは、とてもハードルが高いことです。そのため、パフォーマンス・テストの当日までに、十分に書けるだけの力が身に付くような単元設計を行い、英語が苦手な生徒でもある程度書けるようにする工夫が必要になります。

　このパフォーマンス・テストでは、テーマに関する単語や表現を自分で

集めていく「作文表現ノート」というものを作らせました。事前にテーマを生徒に伝え、春休みや夏休みといった長期休業の宿題として、50〜100の単語・例文を集めさせました。さらに授業中でも、使えそうな表現を見つけた際には追記させるようにしました。また、テーマに関する英字新聞を取り扱ったり、日本語で書かれた新聞記事の切り抜きをして英語で感想を書かせる活動も行いました。

3年生のときに「戦争と平和」というテーマで行った際には、写真6-15のような練習問題を自由課題として与え、本番のルーブリック評価表と同じもので評価し、添削も行って返却しました。

この用紙も作文表現ノートに貼らせて、辞書と共に持ち込み可能な材料とさせました。これにより、事前に十分に準備を行った生徒は、何とか書けるだけの材料を揃えることができるよう工夫していました。また、事前に行った練習問題が、本番で出題されるテーマと近いものとなることも知らせ、意欲付けにもつなげました。

この添削には大変な労力を要しましたが、ここで生徒に1対1で助言を行うことで、その段階での生徒の困り感の解消につなげることもできました。

指導を行ったことで評価を行う。基本的な原則ですが、こういう課題を与える際には特に気を付けておきたいものです。

(5) 実践の成果と今後の課題

「書く」という行為がうわべだけの英語の技術的なことに終始しないようにしたいと思います。そのために、生徒自身が心から伝えたいものを生み出し、伝えたい相手を想起し、その言葉が読み手にどういう効果をもたらすかまで考えさせたいです。日々の教育活動の中で、目の前の生徒たちと真摯に向き合い、どう育て社会に送り出していくかという視点でテーマ設定を行いたいと思います。

写真6-16で示したのは、総合的な学習の時間を軸に教科横断的に大単元を組んで行った「感染症予防教育」と絡めたテーマです。難しいテーマではありましたが、生徒一人一人が自分事としてこの問題を捉え、考えを

We have peaceful days. We have family, (too.) C
(But) people in waring Japan don't go through their days in peace. (So) I think we mustn't war. [make] I have two reasons.

First, peaceful days make us happy. (For example), It's happy for us to go to school. It's happy for us to be able to (できる)よくわかるか eat something every day. We need happy. [mess]

Second, If would (war) happen, what will happen to our human rights? Who protects it? When [war] would war happen, nothing can protect ours it [-ものa]. (In other words) we can't go through our happy lives.

So I have a suggestion. I think we should いりそう make effort to protect our human rights. To protect it is conect to our peaceful days. It's important for us to protect our happy. happiness 別にする文必要あり I want all humans to protect happy lives.

評価項目／配点	0点	1点	2点	3点	5点
自分の考えを明確にして、説得力・独自性・創造性があるか	自分の意見と理由はあるが、4文未満	5文以上の自分の意見はあるが理由はない	自分の意見について理由をつけて5文以上で述べている	具体例や理由付けはあるが、提案や発展がない	内容全体について、新たな提案や発展がある
単語のつづりや文法は正しいか	文法・単語の文法ミスが6カ所以上	文法・単語の文法ミスが5カ所	文法・単語の文法ミスが4カ所	文法・単語の文法ミスが3カ所	文法・単語のミスが2カ所以下
導入、本論、結論があるか（段落にわけているか）	ほとんど書いていない	段落に分かれていないし、順序も乱れている	段落に分かれていないが、順序立てて書いてある	段落に分かれているが、順序が乱れている	段落に分かれていて、順序立てて書いてある
「話の流れを示す4種類の語句」を使用しているか	自然な話の流れの中で、1種類しか正しく使用していない。	自然な話の流れの中で、2種類は正しく使用している。	自然な話の流れの中で、3種類は正しく使用している。	4種類とも使用しているが、話の流れが不自然になっている。	自然な話の流れの中で、4種類とも正しく使用している。
適切な長さがあるか（書けたところまでで加点）	すばらしい展開！ 説得力あります。				
難しい題材で書くことができたか	OPINION①		OPINION②		OPINION③

＊使用語数を書かなければ減点。極端に行かせすぎ（間を空けたり、大きな字を使ったり）も同様です。最終的には**使用語数**で判断します。
「話の流れを示す4種類の語句」を使用した際は必ず〇で囲み、A〜Dを記入すること。

写真6-15 「戦争と平和」というテーマの生徒による意見文

```
OPINION ①
  Write some examples of individual actions to prevent coronavirus infection and write your idea to
prevent the spread of such infection.
```

```
OPINION ②  感染症予防教育　道徳より
  According to the JRC, it is said that stigma comes from our mindset of labeling "dangerous" and
"germs" on specific group of people, residents of certain area and occupations. Why do junior high
school students in general stigmatize others? What do you think? Write examples of what you have
learned in the class of Moral Education last March.
```

```
OPINION ③
  What should junior high school students do during the next state of emergency? Some may be
able to stay home, some can cancel hanging out with their friends, while others might just have to
take the risk. What about you?
```

写真6-16　「感染症予防教育」と絡めたテーマ

まとめることができました。外国語科教員にとって、添削を伴う作文指導は本当に大変です。しかし、このようなテーマで書かせたときに、目の前の生徒の成長を実感できることもあります。今後は、「複数の単元や題材などにわたって長期的な視点で評価すること」が可能となった「評価時期の工夫」という意味での学習評価の充実も図っていきたいと思います。

【補足資料】

　表6-7は、「主体的に学習に取り組む態度」の評価の項目でも紹介している「なりきりジェスチャー劇」において、「思考・判断・表現」を評価する劇自体のルーブリックです。教科書のダイアログという「日常的な話題」について「表現したり、伝えあったり」している状況を評価するため、行間を表現することを求めています。表の一番下の発音については、「知識・技能」の評価としています。

表6-7　ジェスチャー劇の評価ルーブリック（思考・判断・表現）

評価規準／配点	0点	1点	2点	4点
場面や状況にあうよう感情をこめる	声の大きさに問題があって、聞き取ることができない。	「上げ下げ」（ピッチ）「強弱」のどちらかには気をつけている。	「上げ下げ」（ピッチ）「強弱」をつけているが、場面や状況はとちがうところがある。	場面や状況を考え、「上げ下げ」（ピッチ）「強弱」をつけている。
英語の内容にあうジェスチャーを行う	「あいづち」や「アイコンタクト」ができていない。	「あいづち」や「アイコンタクト」はできている。	「場面や状況（ストーリー）にあうジェスチャー」はできている。	「ストーリーにあうジェスチャー」＋「英語の意味を表すジェスチャー」ができている。
発音に気をつけ発表する	「th」「l/r」「f/v」「余計な母音がない」のうち、2つできていない。	「th」「l/r」「f/v」「余計な母音がない」のうち、1つできていない。	「th」「l/r」「f/v」「余計な母音がない」の全てができている。	「th」「l/r」「f/v」「余計な母音がない」の全て＋æ、ʌまでも完璧！

「主体的に学習に取り組む態度」の学習評価

1 国語科の学習評価

単元	全ての単元で適用可能
実践	尾張旭市立旭中学校教諭　白木　圭
対象	ワークシート
課題	学習後に振り返りを行い、次回に向けての課題や、課題を改善するために実際に取り組んだことをワークシートに書く。

(1) 国語科の特質を生かした主体的に学習に取り組む態度の評価

　「主体的に学習に取り組む態度」を評価する方法として、知識・技能の習得の学習やパフォーマンス課題の学習後に振り返りを行い、それについて評価することがあります。しかし、振り返りは何のためにするものなのか、振り返りを通して何を学ぶのかを生徒たちにしっかりと教えることはほとんどありません。それゆえ、振り返りという活動が、教師が評価を取るためだけに行われて、「主体的に学習に取り組む態度」という資質・能力を育成することにつながっていないのです。

　そこで、ルーブリックを使う際は、必ず事前に「手引き」に従った授業を行うことが大切です。「手引き」を活用することによって、生徒は「振り返り」が大切な学習の一つであることを理解し、「振り返り」を通して「主体的に学習に取り組む態度」という資質・能力を自ら身に付けることができるようになるのです。

　自らの学習や行動を振り返ることの意義は、「できないこと」（あるいは「できなかったこと」）を「できる」ようにするためにはどうすればよいのか、または「できること」（あるいは「できたこと」）を「さらにできるようにする」ためにはどうすればよいかについて考え、改善するための行動

175

につなげられるようにすることです。

(2) この教科で求められている具体的な評価の観点は何か？

　振り返りの内容を評価対象にすると、生徒たちは、「振り返りの内容をそれっぽくうまく書けばよい」、あるいは、「うまく書けた者がよい評価を得る」と勘違いすることがあります。

　そこで、本実践では、学習の振り返りを「フィードバック」「成果と課題の把握」「改善プランとその実践報告」の三つの段階に分けて行うことにしました。

(3) ルーブリックの作成例

　本単元で使用したルーブリックは、以下のとおりです（表6-8）。

表6-8　振り返りシートのルーブリック（生徒用）

評価の観点	主体的に学習に取り組む態度		
	「成果」の内容	「課題」の内容	課題を改善するために実際に取り組んだことの内容
A		トレーニングのチェックシートやパフォーマンス課題ルーブリックには書かれていない、自分の力をさらに伸ばすために必要なことを書いている。	課題改善に必要な知識や技能を身につけるために、自主的に学習したこと（教科書やプリント、本やインターネット、大人や専門家からのアドバイスの内容）や練習したことが、箇条書きや図や表などにして自分なりに整理してまとめられている。
B	チェックシートやルーブリックを参考にして、トレーニングやパフォーマンスを通して自分にできたことを把握している。	トレーニングのチェックシートやパフォーマンス課題のルーブリックの内容を参考にして課題を書いている。	・課題を改善するために必要な知識や技能を身につけるために、自主的に学習したこと（教科書やプリント、本やインターネットで調べたこと、友達などからのアドバイスの内容）や練習したことが整理されずに羅列されている。またはそのまま書き写されている。 ・「改善対策」の内容と関係のないものがややみられる。
C	・トレーニングやパフォーマンスを通して自分にできたことを把握していない。 ・チェックシートやルーブリックの内容と無関係な事柄ばかりが書かれている。	ルーブリックの内容、授業の内容、または国語の学習内容と関係していない。	・「改善対策」の内容と関係のないものが大部分である。 ・課題について「気をつける」や「意識する」のレベルで終わっており、課題を改善するために必要な具体的な知識や技能について調べて学習したり、練習したりしていない。 ・トレーニングやパフォーマンスについての自分の感想や反省ばかりが書かれている。

⑷ 授業での活用事例と生徒の作品例

「手引き」を使った振り返りの授業は、パフォーマンス課題を実践した後で生徒たちの作品を返却する際に行います。

まず、生徒たちは評価を付けられた作品を受け取ります。その際、生徒たちに「なぜその評価となったのか」、パフォーマンス課題のルーブリックを参照させながら考えさせます。その後、教師が用意した範例の作品を使いながら、パフォーマンス課題のルーブリックの評価項目に従って、どのようにA・B・Cの評価がつけられるのか具体的に説明します。この作業を通して、生徒たちに今回のパフォーマンス課題の学習の中で、自分たちに何ができて何ができていなかったかを具体的に把握させます。

次に、「手引き」を使って、なぜ自分たちの作品を振り返るのかについて説明します。学習の目的は自分を成長させることです。自分を成長させることは、現在の自分に「できないこと（できること）」を「（もっと）できるようにしていくこと」に他なりません。生徒たちには、「できなかったこと」が「できるようになった」成功体験について話し合わせ、そのとき自分がどのような努力や行動をしたかを思い起こさせます。そして、振り返りという学習の目的は、「自分のパフォーマンスを向上させるために必要な学習や練習方法について考え、実践できる力を養うこと」だと理解させます。

それから、パフォーマンス課題を通した各自の成果と課題について、「振り返りシート」（資料6-9）に記入させます。その際、「振り返りシートのルーブリック」を参考にさせるとよいでしょう。成果と課題については多くを記入させず、特にできたこととできなかったことを中心に、改善に向けて生徒が着実に取り組めるものに絞らせましょう。一つか二つで十分です。

振り返りシートが記入できたら、生徒たちに「課題を改善するために実際に取り組んだことシート」（資料6-10）を渡します。そこに、振り返りシートに記入した課題を改善するために、実際に学習した内容や取り組んだ練習内容について記入させます。このとき、生徒たちには、「トレーニング」や「パフォーマンス課題」の取り組みについての「反省文」や「感

177

想文」を書くのではないことを十分に伝えておくことが必要です。反省文や感想文をいくら書いても、自分のパフォーマンスは向上しません。野球の試合でヒットを打つためには、反省文をたくさん書くよりも、素振りやバッティングセンターにいって練習する方が何倍も意味があるなど、身近な例に置き換えて説明するとよいでしょう。

　この課題は、取り組むのにある程度時間が必要な学習課題なので、夏休みや冬休みなどの長期休業中の課題とするのもよいでしょう。

	パフォーマンス課題振り返りシート	
	【成果】短作文トレーニングまたはパフォーマンス課題を通してできるようになったことや学んだことを書こう。 【課題】短作文トレーニングまたはパフォーマンス課題の中で十分にできなかったことを書こう。 【今後】課題を克服するために必要なことや今後の生活や学習の中で気をつけていきたいことを書こう。	
	短作文　トレーニング　①と②	トレーニング
成果	序論・本論・結論の構成で書けるようになった。観点ごとにまとめて説明できるようになった。	
課題	言葉と言葉のつながりや文末の統一など、少しずつのミスがある。	
改善対策	しっかり見直しができる時間も残しておいて、ていねいにミスがないかを確認する。	
	〈1学期パフォーマンス課題〉	〈2学期パフォーマンス課題〉
成果	情報を適切に引用できるようになった。文法的な誤りがない文章を書くことができるようになった。	
課題	取り組みだけで、その成果が書けていなくて、根拠が不十分だった。	
改善対策	その取り組みを行って、どうなったかまでを根拠として書く。	

資料6-9　「振り返りシート」の記述例

短作文とパフォーマンス課題の「課題」を改善するために実際に取り組んだこと

※ 用紙の9割以上を埋めること。
※ 一文字の大きさは、マス目の大きさに合わせること。大きすぎたり小さすぎたりしてはいけない。
※ 図や表などを使って整理してよいが、大きすぎたり小さすぎたりしてはいけない。　夏休み明けの最初の授業で提出

私は、根拠を十分に書くことができた。正しい成果が書ける根拠の書き方を

①書き方をソリッチャーントでチャイトGPTで不く分だために取り組みだ。正しい成果が書けた。取り組みだけでは、調べた。専門家や医師の支持された権威の根拠の書

オ｜ソリッチャ｜トGPTで調べたので述べると、この根拠を引用し、専門家や医師が支持された権威ある情報を根拠とする例えば「医師の研究によって統計による計データやデ｜タ。根拠とすることはかんの原因となる。例えば「医師の研究によってわかった」例えば「国民の63%が環境問題について認めデータや統計数値を引用する根拠心を持つ

②事実とやるこ事実で実験によその説明の化といや反応にはBが必要。例えば「国民の調査で63%が環境問題について明らかに統計されていや統計した実験を示す。例え引用する。事実で実験の結果が正しいや実験を示す。例え引用する。

③こと実験によその結果を化学い反応にはBが必要であること実験を示す。例え引用する

。信頼性の証明されたことなど、説明の化学い反応にはBが必要である。信頼性の高い情報を引用することが大切。

資料6-10　「課題を改善するために実際に取り組んだことシート」の記述例

179

〈成果〉

　「課題を改善するために実際に取り組んだことシート」に、教師の予想を超えた効果的な学習や練習を行ってきたものが多数ありました。生徒がシートにまとめてきた内容を、「レポート」のパフォーマンスをあげるための効果的な学習・練習方法として整理して、生徒たちにフィードバックし、次回のレポート学習を行う際の教材として活用できることが考えられます。

〈課題〉

　事前にしっかりと伝え、さらにルーブリックの評価内容に記入したにも関わらず、「課題を改善するために実際に取り組んだことシート」に「反省文」を書いてくる生徒が多くいました（特に初回）。これまでの「振り返る」活動の多くが、「反省」や「感想」を書く時間であったからだと考えられます。教師自身が「振り返る」学習の意義をしっかりと理解し、生徒たちに指導していくことの必要性を感じました。

2　社会科の学習評価

単元	第3学年　公民的分野「よりよい社会を目指して」
実践	目黒区立第七中学校教諭　増田真裕花
対象	ニュースの発表に関わる学習感想
課題	自分のニュース発表や友だちのニュース発表について、発表の感想等を「発表評価シート」を書く。

(1) 社会科の特質を生かした主体的に学習に取り組む態度の評価

　「思考・判断・表現」の学習評価では、公民的分野「よりよい社会を目指して」の単元において、「発表方法」と「ニュースの原稿」の二つの評価材料からルーブリックをもとに生徒の「思考力・判断力・表現力」を評価する事例を紹介しました。

　ここでも、同じ単元で同様に「主体的に学習に取り組む態度」に関わる学習評価の在り方について事例を紹介します。

　この事例でも、発表前にニュース発表のやり方やルーブリックを提示しました。あらかじめ提示することで、教師は評価の在り方についてしっかりと説明がすることができます。また、生徒もレベル3（評価のレベル）を目指して真剣に課題に向き合ってくれるため、発表前にはルーブリックを提示することが大切です。

　この事例での評価の材料は、生徒が自分と友だちの発表を評価する「発表評価シート」です。授業の時間内で自分のニュース発表や友だちのニュース発表についてじっくりと評価する時間は取れませんが、この「発表評価シート」を継続的に書かせることで、発表の仕方を振り返ることを通して、次の単元での自らの学びを改善していく態度を生み出すことができます。

　また、友だちに対して「発表評価シート」を通して学習改善のアドバイスをすることで、相互評価的な態度を身に付けることにつながります。

　ここで紹介する学習評価の事例では、生徒の「主体的に学習に取り組む態度」を評価するための観点として、次の三つを考えました。

【「主体的に学習に取り組む態度」の評価の観点】
・学習したことの意義や価値の認識
・学習過程での学習改善
・主体的な取組

　まず、「学習したことの意義や価値の認識」という観点は、中学校学習指導要領の総則における「学習評価の充実」の項に同様の記載事項があることから、引用しています。自己評価を通して、社会科の公民的分野の特質から見て、学習したことにどのような意義や価値があるのかという観点から振り返ることができることが大切であると考えました。ここでは、テストに出るからという意義や受験で必要だからという価値ではなく、よりよい社会の形成者の育成という公民の教育目標と照らし合わせて、そうした意義や価値を見いだし、生徒自身が意義や価値のある学習を展開できたかという観点で自己評価してもらいます。

　次に、「学習過程での学習改善」という観点は、『学習評価の在り方に関するハンドブック』に同様の用語があることから、参考にしています。「主体的に学習に取り組む態度」においては、学習の結果だけでなく、生徒の学習過程そのものに価値があります。つまり、学習過程を自己評価して継続的に学習改善していく粘り強い態度が大切になります。具体的には、タブレットで適切な資料を粘り強く探したり、ニュースの記事を要約するために何度も推敲したりすることなどが含まれるでしょう。

　そして、「主体的な取組」という観点は、学習評価に関する解説書（田中博之著『アクティブ・ラーニングの学習評価』学陽書房、2017年）を参考にしています。「主体的に」という用語においては、教科書や配付された資料集だけではなく、タブレットや新聞を用いてより発展的な資料を自ら検索して収集し、自分のニュース原稿に生かしていくことが大切です。

(3) ルーブリックの作成例

　以上のような特徴を踏まえて、生徒の「主体的に学習に取り組む態度」について、ニュース発表で書いた「発表評価シート」で評価するためのルーブリックを紹介します（表6-9）。

表6-9　社会科公民的分野での「主体的に学習に取り組む態度」の評価ルーブリック

評価の観点 / 評価のレベル	学習したことの意義や価値の認識	学習過程での学習改善	主体的な取組
レベル3	自ら学んだことが、よりよい市民の形成に役立っているかどうかを、理由をつけて自分の記述を引用しながら論理的に記述している。	学習目標の設定からルーブリックの活用、資料検索、記事の要約、発表という学習過程に沿って、どのように学習改善の工夫を行なったかを記述している。	教科書や資料集を超えて、タブレットや図書館を活用して主体的に資料収集を行なった結果を結論に含めている。
レベル2	自ら学んだことが、よりよい市民の形成に役立っているかどうかを、明確に記述している。	学習過程での学習改善の様子を1つまたは2つの事例に基づいて簡潔に記述している。	タブレットや新聞を使って資料検索をした結果を含めて結論をまとめている。
レベル1	評価結果を単純な良し悪しの判断だけで記述している。	学習過程で、そのように学習改善の工夫があったかについての記述がない。	発表で取り上げたニュース記事だけを用いて結論をまとめている。

※8～9点…A、5～7点…B、4点以下…C

　このルーブリックでは、「学習したことの意義や価値の認識」「学習過程での学習改善」「主体的な取組」という三つの評価の観点を設定し、三つのレベルで判断基準を示しています。

　このルーブリックを、ニュース発表を始める前に生徒に配付することで、生徒がどのような学び方をして、「主体的に学習に取り組む態度」を身に付けるようにすればよいのかについて、学習改善の見通しをもつことができます。教師からは、その段階でいくつかの学び方の参考例を具体的に示して、生徒たちのルーブリックに関する理解を深めておくことが大切です。

(4) 授業での活用事例と生徒の記述例

　それでは、生徒の記述例を引用しながら、「発表評価シート」にあらわれた生徒による自己評価の状況を見ていきましょう。A評価を受けた生徒の記述例は、それぞれの評価の観点の趣旨を十分に満足したものとなって

います。この記述例はクラスの生徒に共有して参考にしてもらいました。

---

① 「学習したことの意義や価値の認識」でレベル3（A評価を得た記述）

　私が取り上げたニュース記事では、18歳の選挙での投票率が低いことを扱っていました。確かに、その年齢では政治に興味がないですし、学校や部活が忙しく日曜日に投票所へ行く時間が取りにくいです。また、多くの政治家は18歳の生徒が得をする政策を提案していません。しかし私は、18歳が選挙で投票することがいかに市民として大切かを説明している市役所の選挙広報誌を集めて、その意義をまとめて発表することができました。これからは、投票に対するめんどくさいという意識の壁を乗り越えられるようにしたいです。

② 「学習過程での学習改善」でレベル3（A評価を得た記述）

　まず、最初に配られたルーブリックを見て、あまり無理をしないように、B・B・Aくらいでいいかなと楽に考えていました。でも、タブレットで色々とニュース記事に関連した資料を探していくうちに、だんだんおもしろくなってきて、「なぜ、日本ではアメリカなどと比較して大きな災害時に町の人たちによる暴動が少ないのか？」という疑問を解決するために、資料収集を頑張ったり、友だちと意見交換したりして、この仮説をもつことができました。思った以上に頑張れたと思います。

③ 「主体的な取組」でレベル3（A評価を得た記述）

　タブレットを家に持ち帰った時に、時間を見つけて資料検索を頑張りました。そうすると、同じ事件や事故でも、新聞社によって取り上げ方が違うことがわかりました。特に、社説では書き手の価値観が会社によって大きく異なっていました。そうした価値観の多様性に気づくことができたことは、私の視野を広げる上でためになりました。これからの複数の情報ソースにあたる習慣を実行していきたいです。

---

(5) 実践の成果と今後の課題

　今回取り組んだ学習評価では、観点別学習状況の評価でA・B・Cを付けるための成績評価に、このルーブリックを活用しましたが、生徒の自己評価や相互評価においてはルーブリックを活用することはできませんでした。

次の同様の実践においては、こうした生徒主体の自己評価と相互評価の時間を予め単元構成の段階で確保しておいて、学期に一度程度は実施できればと考えているところです。

数学科の学習評価

単元	全学年、全ての単元で適用可能
実践	稲城市立稲城第一中学校教諭　菅原　亮
対象	テスト直しレポート
課題	定期考査の後のテスト直しについて、レポートを作成する。

(1) 数学科の特質を生かした主体的に学習に取り組む態度の評価

筆者が担当する数学科での評価の観点「主体的に学習に取り組む態度」については、は表6-10に示す①～④で評価します。

表6-10　学期ごとの評価方法と点数（点数は100点満点）

評価の方法	点数
①各課題への取組状況	40点（複数回）
②単元振り返りレポート	20点（2回）
③テスト直しレポート	20点（2回）
④相互評価	20点（1回）

①各課題への取組状況の原則

・解き直しなど粘り強さや自己調整を評価します。提出だけで満点にならないよう注意が必要です。

・一律の問題集回収をしなくてもよいです。ただし、従来通り一律回収の方が知識・技能の定着が図れる場合など、生徒の状況に応じて、教科部会等で検討します。

②単元振り返りレポートの原則

・単元で分かったこと、疑問などを記入させます。

・単元全体を通して学んだことについても記入させます。

③テスト直しレポートの原則

・どのような方法で行い、また評価をどのように行うか事前に説明が必要です。

④相互評価の原則

・記述式（証明問題や解法が複数存在する問題など）について発表を行い
その発表の相互評価を行います。

・相互評価を踏まえ、自己評価を行います。

・教師は相互評価、自己評価、生徒の記述を踏まえ、評価を行います。

(2) この教科で求められている具体的な評価の観点は何か？

中学校数学科の特性を踏まえ「主体的に学習に取り組む態度」の三つの
観点を設定しました。これらの観点は単元によらず設定が可能です。評価
規準・判断基準は評価対象に合わせて具体的に設定してください。

(3) ルーブリックの作成例

ここでは、全学年に適応可能な「テスト直しレポート」を評価の対象と
して、「主体的に学習に取り組む態度」を評価するためのルーブリックを
紹介します（表6-11）。

表6-11　テスト直しレポートを教師が評価するためのルーブリック

評価の観点		修正・改善	粘り強さ	主体的な取組
評価規準		問題解決の過程を振り返って評価・改善しようとしている。	数学的活動の楽しさや数学のよさを実感して粘り強く考えようとしている。	生活や学習に果たす数学の役割に気づき、数学を積極的に活用しようとしている。
判断基準	レベルA	計算や解法の過程に間違いがないか、明瞭に示している。また既習の知識と関連付けが明確に記述してある。	問題を解決するために、既習の知識を振り返ったりノートを見たりして、あきらめずに解法を見つけようとしている。その結果、規定量の記述に達している。またいろいろな解法を試している。	数量の性質を文字を用いて一般的に考察したり、図形の性質を直感的、論理的に考察したり、数量の関係を変化や対応を捉えて考察したり、不確定な事象の起こりやすさやデータの傾向を読み取って考察するなどする際など、数学的な見方・考え方を働かせ、数学を積極的に活用しようとしている。
	レベルB	計算や解法の過程に間違いがないか、明瞭に示している。	問題を解決するために、既習の知識を振り返ったりノートを見たりして、あきらめずに解法を見つけようとしている。その結果、規定量の記述に達している。	自力解決を行うとともに、友だちと対話するなどして、正しい解法を見つけようとしている。
	レベルC	計算や解法の過程が不明瞭であり、そのように考えたか不明瞭である。	問題が解けないとすぐあきらめている。その結果、規定量の記述に達していないか、友だちのノートを写している。	正しい解法を見つけられるために主体的に取り組もうとしていない。

⑷ 授業での活用事例と生徒の作品例

　中学校では定期考査があります。その後、多くの数学教師がテスト直し
を課します。復習こそ最大の学びであり、このテスト直しこそ、修正・改
善、粘り強さ、主体的な取組を見取るのに最適ではないでしょうか。テス
ト直しをする際、どのようなレポートが優れたものなのか、また評価に用
いるルーブリックも生徒に明示しておく必要があります。

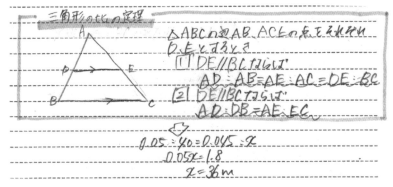

写真6-17　観点1がレベルAの作品
（既習事項と関連付けて問題を解いている）

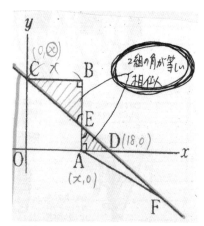

写真6-18　観点3がレベルAの作品
（関数の総合問題で、相似の考え方を利用している）

〈成果〉

・ルーブリックを用いることで従来行っていたテスト直しよりも、生徒に求めている記述の基準が教師・生徒の双方にとって明確になりました。

・表6-11のルーブリックは、生徒の言葉で書かれていません。生徒に説明する際は言葉を補足するか、過去の生徒作品を例として示すことで、生徒はそれぞれの観点やレベルで求められている内容をより具体的に捉えることができます。

・同じ基準で複数回評価することで、生徒がより主体的に取り組む姿が見られました。

〈課題〉

・どのようにすればレベル C からレベル B、レベル B からレベル A に上がるのか、生徒がより理解できるよう具体的な工夫をしたいと思います。

4 　理科の学習評価

単元	第2学年　「水蒸気の変化と湿度」
実践	津島市立暁中学校教諭　村瀬琢也
対象	レポート
課題	単元の課題に取り組み、単元レポートを作成する。

(1) 理科の特質を生かした主体的に学習に取り組む態度の評価

　中学校理科での評価観点「主体的に取り組む態度」は、「探究的な学び」の中で、「科学で調べる流れが大切にされているか」「気付きや改善、新たな課題の発見などが積極的に行われているか」などに、特に重点を置くべきものと考えます。

　本実践では、教科書の「探究をレベルアップ」を重点単元とし、ルーブリックを設定して観点、評価規準、さらに判断基準を生徒に示すことで、「探究的な学び」への取組を、「主体的に取り組む態度」の観点から評価することを考えました。

(2) この教科で求められている具体的な評価の観点は何か？

　文部科学省が公表した「評価の観点及びその趣旨」において「主体的に学習に取り組む態度」として示された「科学的に探究しようとしている」態度を基本として、以下の三つの観点を設定しました。

①探究的な学び

　レポートの記述を評価対象とし、根拠のある仮説や実験結果に基づいた考察が示されていること、探究過程のどの場面かが明確であること等を評価します。

②粘り強さ

　レポートの記述（タブレットの入力）が、他者が見てより分かりやすい説明となるような取組を評価の観点「粘り強さ」としました。多くの学校で行われてきたように、本校でも授業毎の「振り返り」が生徒に定着して

いるため、そこでの記述に、「よりよい説明のために行った修正や工夫」を積極的に示すよう伝えて評価に用いました。

③主体的な取組

　生活の中での体験や不思議に思ったことを学びと結び付け、課題設定や考察に取り入れようとすることが、主体的に理科を学ぶ姿の一つであると考え、評価の観点・規準を設定しました。評価は、実験計画や考察、振り返りの内容から行いました。また、「さらに調べたいこと」も記述するように勧め、仮説なども示されていれば①とあわせて評価するようにしました。

(3) ルーブリックの作成例

　本単元で用いた生徒のレポートを、「主体的に学習に取り組む態度」の観点から評価するルーブリックは、以下のとおりです（表6-12）。

表6-12　第2学年「天気とその変化」小単元名「水蒸気の変化と湿度」のルーブリック

評価の観点		①探究的な学び	②粘り強さ	③主体的な取組
評価規準		水蒸気が水滴に変化する場面について、日常生活と照らし合わせながら、理由や条件を科学的に探究しようとしている。	湿度に関する具体的な事象について、よりよく説明するために行った修正と工夫を記録・発信して、その先の学びに生かそうとしている。	湯気や結露、空気の乾燥など、日常生活の湿度に関わる事象を、学習課題にとり入れたり、学んだことを生かして説明しようとしたりしている。
判断基準	レベルA	水蒸気が水滴に変化する条件について、根拠のある仮説に基づいた実験やそこから得られる考察を生かして探究を進めようとしている。	他の生徒のレポートやルーブリックなどを参考にして、実験計画や考察の改善に取り組み、その過程での修正や工夫をまとめや振り返りに記録して、今後の学びに生かそうとしている。	日常生活で体験する湿度が関わる事象を、実験計画にとり入れたり、考察やまとめにとり入れたりして、学習を進めている。
	レベルB	水蒸気が水滴に変化する条件について、問題発見、仮説、実験、分析解釈、表現・活用という探究過程が明確である。	学んだことを振り返ったり、他の生徒と話し合ったりしながら、実験計画や考察の改善に取り組み、修正点や工夫点をレポートの記述に生かそうとしている。	自身が行った実験や教科書に挙げられた写真資料の事象について、学んだことを生かしたよりよい説明の仕方を見つけようとしている。
	レベルC	水蒸気が水滴に変化する条件について、調べる課題や仮説が明確でないまま、実験や考察を進めている。	他の生徒の考えやそれまでの自身の学びの振り返りを、レポートに生かそうとしていない。	自身が行った実験について、飽和水蒸気量や湿度の考え方を用いた説明に取り組もうとしていない。

(3)に示した単元を5時間で行いました。ルーブリックの扱いやレポート記述については、「思考・判断・表現」の評価と同様にして進めました。

【授業の進め方】

①水蒸気が水滴に変化するのはどのようなときか考える

氷水と常温の水をそれぞれ入れたコップを示し、氷水のコップにのみ表面に水滴がつくことを確認して、それが起こる条件をこの単元の探究の仮説として考えさせました。

また、次回に行う実験について確認させました。

②水蒸気が水滴に変わる条件を調べる

水を入れた金属のコップに氷水を少しずつ入れて温度を下げ、表面に水滴がつく温度を調べる実験を行いました。

結果については他のグループのものも生かすようにさせ、考察は特にルーブリックを意識して書くように伝えました。

③露点と飽和水蒸気量について学ぶ

実験結果から露点と飽和水蒸気量について説明しました。このとき、特に飽和水蒸気量のグラフを、この先の説明する場面で役立ててほしいことを伝えました。

④湿度について学び、凝結が起こる条件をまとめる

湿度とその計算式について説明しました。そして、学んだ語句や図、グラフなどを用いて凝結が起こる場面を説明する課題に取り組ませました。

⑤凝結が起こる条件をまとめる

身のまわりで凝結が起こる場面や、教科書にあったどんな日に洗濯物が乾きやすいかを考える活用の問題、さらに調べてみたいこと考えることなどを課題として取り組ませました。

以下の資料6-11、資料6-12、資料6-13が、ルーブリックを用いて評価した結果とその例です。

空気中の水蒸気が水滴に変化する条件は何か，考えよう。

仮説

一定以上寒くて温度差があるとき

仮説の根拠

冷水を入れたコップに水滴がついた。それは周りの空気と冷水の温度差があったからだと考えられる。夏に冷房をつけて冷えている室内と外は温度差があるが水滴はできないので一定以上寒いのも条件の一つである。

考察　仮説は検証できたか？正しかったか？　新たな仮説，さらに調べてみたいこと，生活の中で体験することと照らし合わせて・・・等　ルーブリックを参考に

自分たちの結果もほかの班も水滴ができ始める温度は10℃前後だったため，一定以上低い温度のときに水滴に変わるという仮説は正しかった。10℃前後にその一定の温度があるという仮説をさらに立てることができた。冬などに息が白くなるのも10℃以下だと考えられる。

資料6-11　観点①「探究的な学び」が十分満足できると評価したレポートの一部

	湿度について学び，凝結が起こる条件をまとめよう		
④	探究	粘り強さ	主体性
	B	B	B

グラフをタブレットで見た時にあまり理解ができなかったけど　Lんに説明してもらって…うんをしっかりと理解して考えることができたので，自分で説明出来るようにしたい。

	凝結が起こる条件をまとめよう。		
⑤	探究	粘り強さ	主体性
	B	A	A

しっかりと考えて，くわしく説明など書くことができて良かった。分からなくても，友達に聞いたり教科書からヒントを見つけて正解を探しだして課題に粘り強く取り組むことができたので今までよりも良かった。

資料6-12　観点②「粘り強さ」が十分満足できると評価した振り返りの一部

仮説

水蒸気の周りの温度が急激に上がったり下がったりするなど変化が起こるとき

仮説の根拠

寒い日に窓に水滴がつく，お湯をやかんで沸かしたときに蓋に水滴がつく，コップに冷たい水を入れると周りに水滴がつくなど，水滴がついている場面で多いのは水蒸気の周りの温度が急に変わっているときだから

水蒸気が水滴に変化するのは，どのようなときだろうか？

冬に暖かくした部屋の窓ガラスや冷たい飲み物のペットボトルなど，まわりの空気よりも温度が低い物があるとそれに水滴がつく。
空気の温度が低くなると飽和水蒸気量が小さくなっていく，露点よりも低くなると空気中に含みきれなくなった水蒸気が水滴となって出てくる。
湿度は，含まれている水蒸気の量が飽和水蒸気量に対してどれくらいの割合なのかを表したもので，湿度が低い晴れの日は水滴ができない。
雨の日は，空気にふくまれる水蒸気の量が飽和水蒸気量に近いので露点が高く，水滴ができやすい。

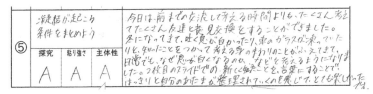

	凝結が起こる条件をまとめよう		
⑤	探究	粘り強さ	主体性
	A	A	A

今日は前までの交流して考える時間よりも，たくさん考えてたくさん友達と意見交換をすることができました。冬になってきて，吐く息が白かったり車のガラスが凍っていたり，知ったことをつかって考える事の手がかりにもなえてきて，日常でも，なぜ息が白くなるのか，などを考えるようになりました。2枚目のスライドでの，新しく知ったことを，言葉にすることで，はっきりと自分のあたまが整理されていくのを感じて，とても楽しかったです。

資料6-13　観点③「主体的な取り組み」が十分満足できると評価したレポートと振り返りの一部

　生徒たちは「探究的な学び」「主体的な学び」の在り方について、具体的・直接的に示したルーブリックをくり返し見て、レポートや振り返りの記述に生かし、学びを進めることができました。

- ・スクールタクトでいろんな仮説・考察を書いたときは難しくてどう書けばいいか分からなかったです。だけど、自分が生活しているときに体験したことなどとからめて考えていったらイメージしやすくなったので、難しく考えすぎないのも大切だなと思いました。

- ・ルーブリックを意識して今までの知識を生かして仮説を立てたり、仮説を立てた理由を説明したりできました。友達の意見も参考にして、考えて根拠のある文章を書けたので良かったです。特に飽和水蒸気量についての課題では飽和水蒸気量と今含まれている水蒸気の量を使って考えられました。積極的に課題に取り組めたので良かったです。

- ・自分で仮説や結果を一生懸命考えたけど難しかった。普段からもっと自分で考える時間を大切にしたいと思った。

- ・仮説や考察を深く考えることができた。今回、「(ルーブリックのレベル) B」が1つできたので、どんどん増やしていきたい。

- ・さらに調べてみたいことは、今まで思いつかなかったり他の事でいっぱいだったりして書いたことがなかったけれど、今日は挑戦することができました。心配な所は友達に聞いて完成させることができました。さらに調べてみたいことは自分一人でがんばれました。

資料6-14　生徒の振り返りの抜粋（大単元の振り返りを含む）

　また、振り返りからは生徒が自己評価を生かしている様子も見られました。これまでの実践ではなかなか出なかった、「学びの中で生まれた疑問を具体的に調べる方法」についても多くのレポートに書かれていました（資料6-15）。

　ルーブリックはとり入れる事象をそれぞれの単元に合わせれば、別の単元でも使うことができます。「思考・判断・表現」と合わせた6観点を組

み合わせて、今後も「探究をレベルアップ」の小単元でルーブリックを作成し、生徒と評価規準を共有して授業を行っていく予定です。

さらに調べてみたいこと
仮説
温度によって水滴の量が変わる

仮説を設定した理由と調べ方

2つの金属のコップに同じ量水を入れて一つはゆっくりと氷水を混ぜてく、もう一つは一気に氷水を混ぜる

仮説が正しければ…
生じる水滴の量は変わらない

さらに調べてみたいこと
仮説
コップの表面に水滴がつくかの実験をしてから、あたためたら水滴はなくなるのか。

仮説を設定した理由と調べ方

水滴がつく実験をしたので、無くなる実験があるのか気になったから。

コップの表面に水滴がつくか実験してからあたためる。

仮説が正しければ…
水滴がなくなる

資料6-15 「さらに調べてみたいこと」の記述

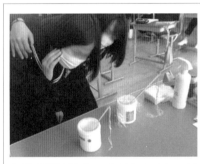

さらに調べてみたいこと
仮説 お風呂のお湯は蓋を閉めずに放置すると少し減って冷たくなる。

仮説を設定した理由と調べ方

前に湯舟の蓋を閉めずに出たら冷たくなっていたので気になったから。
ここの勉強と関係がありそう。

ビーカーにお湯を入れて、蓋のありなしで比べてみる。

仮説が正しければ…
お湯が少し減って冷たくなる。

資料6-16 「さらに調べてみたいこと」について実験している様子
※風呂のふたを閉めないと温度が大きく下がることについては実験方法の例を生徒自ら考案した。

〈文例の有効活用について〉
　積極的に他者のレポートを参考にすることなどについて、ルーブリックとともに示した振り返りの文例を参考にしたと思われる記述が複数ありました。ルーブリックは言葉を変えて伝わりやすくしたものを生徒に示したつもりですが、それでも堅苦しく難解な文章に見えていると思われます。ルーブリックの内容を、「振り返りの文例」としてポイントを分けて示すことで、より分かりやすく伝え、生徒の取組へのさらなる貢献に生かすことができると考えます。今後、積極的に取り入れるようにしたいと思います。

第1章
第2章
第3章
第4章
第5章
第6章
Q&A

〈主体的な学習の促進について〉

　上位の生徒たちには、さらに主体的な学びにつなげるための資質として、学習の中で現代の研究者や先人の取り組みを知り、それを自身の学び・探究の在り方に生かすことを求めたいところです。そのために、好奇心を刺激する課題や、参考になる探究の事例に導くような課題を教材研究するとともに、ルーブリックの内容や示し方を練って、より多くの生徒の個別最適な学びにつなげていきたいと思います。

〈文例を参考にしたと思われる生徒の振り返り〉

他の人のものやビデオを見て飾って考えて仮説をたてられたのでよかったです。今日3ページ目までしかたどりつけなかったけれなかったけどしっかり考えて1ページづつ出来たのでよかったです。

今回の授業で、レストランで水を出されたときは、氷が入っていると水がたくさんついて氷がとけてくると何もつかなくなることがあったのでしくみが分かってよかったです。今度は、それもふまえてかんさつしてみたいと思いました。

生活の中で体験したことを今までは水滴がつくのがあたりまえで全く疑問に思ったことがなかったけでこの単元でなぜコップに水滴がついたりするのか説明までできるようになったり分からないところは気軽についてタブレットを進めることができた。

実験をする時に、①の時に考えたことを意識することができました。生活では普通のことだけどしっかり考えると、難しいなと思いました。他の班の実験の結果を見て、自分の班との違いを見つけてなぜか考えることができました。

今まで習ったことや、日常の生活の現象を考えて、凝結が起こる条件をまとめることができました。友達の数を数えてもらって参考にしたりより考えを深めたりすることができました。日常の生活には、普通のことでも色々な現象が起きているということが分かりました。他の現象は、どんなのがあるのか気にとけました。

5　外国語科の学習評価

単元	第3学年　「なりきりジェスチャー劇」
実践	尾張旭市立西中学校教諭　彦田泰輔
対象	生徒が取り組むジェスチャー劇の振り返りシート
課題	ジェスチャー劇を行い、学習内容や、どのように「知識・技能」を獲得していき「思考・判断・表現」の力を身に付けていったかを、記録用紙に記述する。

(1) 外国語科の特質を生かした主体的に学習に取り組む態度の評価

　外国語科の特質として「主体的に学習に取り組む態度」の評価は、「知識及び技能を習得させたり、思考力、判断力、表現力を育成したりする場面に関わって、行うもの」とあるため、実際のコミュニケーション活動の態度を評価すること、つまり「思考・判断・表現」と一体的に評価するとされています。そこで、評価の基本線としては、①パフォーマンス・テスト×思考・判断・表現と一体的な評価となりますが、授業中（活動中）の観察だけでは、適切な評価が不十分になってしまう可能性があります。ここでは、そのほかに②学習過程の記録用紙×ルーブリック、③ノート×記述量、④教科新聞×ルーブリックという可能性を探っていきたいと思います。

(2) この教科で求められている具体的な評価の観点は何か?

　『「主体的に学習に取り組む態度」は、「思考・判断・表現」と一体的に評価する。』、これに対し、単純に「主」＝「思・判・表」としてしまうと、実質、「知識・技能」との2観点になってしまい、今改訂の本来の考え方が反映されないのではないかと危惧しています。そこで単元終末や学期末等に課題解決的な学習を設定することで、「言語活動への取組に関して見通しを立てたり振り返ったりして自らの学習を自覚的に捉えている状況」（「指導と評価の一体化」のための学習評価に関する参考資料 p.79）を見取りたいと思います。

また、1学期の間、継続的に言語活動に取り組ませながら指導し、評価したいと思います。それは、複数の単元や題材などにわたって長期的な視点で評価することで、学びの系統性が生まれるからです。

【生徒に取り組ませる言語活動】

例：話すこと［発表］

　教科書のダイアログを級友と試行錯誤しながら行う劇表現を行わせることを、毎学期末のパフォーマンス課題とし、それまでに必要な力を教科書本文の暗唱や、音読テストを行わせる。

例：話すこと［やりとり］

　教科書の基本文を使い、自己表現（英作文）させたものを会話テストにつなげる。その過程で表現を充実させるためにノートに追記していった内容で評価する。

　具体的には、「学習改善に向かって自らの学習を調整しようとしているかどうか」を含めて評価することが必要になります。そこで、課題解決的な学習に対し、学習の調整や粘り強い取組を行った学習過程を記録用紙に残させ、それをルーブリックで評価します。その際、「修正・改善」や「粘り強さ」「主体的な取組」等が評価の観点として考えられます。

(3) ルーブリックの作成例

　このルーブリックは、3年生の1学期末に実施した単元「なりきりジェスチャー劇」（「Mother's Lullaby」『NEW HORIZON English Course 3』東京書籍）で作成し活用したものになります（表6-13）。

　単元の活動としては、教科書の本文を暗唱し、ジェスチャーをつけながら劇形式で発表する活動になります。4人1組になり、その学期に行った教科書の各課から一つを選び、配役を決め、行間の意味まで考えながら、話し合いで劇を創っていきます。この活動は、協働的な学びの要素もあり、教え合いや級友の表現から刺激を受けながら高め合いも生まれます。

　また、この活動は（通常の授業もやりながら）、3週間程度行っています。

写真 6-19　「なりきりジェスチャー劇」の授業の様子

表 6-13　ジェスチャー劇の評価ルーブリック

基準	修正・改善	粘り強さ	主体的な取組
A	友だちの表現方法の工夫と比較して、場面や状況に応じて、より個性的で高度なジェスチャー劇となるよう何度でも修正している。	背景にある文化に対する理解を深め、より高度な表現を工夫して、グループ全員のジェスチャー劇の表現の練り直しを粘り強く行っている。	タブレットを使って、聞き手への伝わりやすさに配慮した高度な技法を調べて、ジェスチャー劇の表現に生かしている。
B	場面や状況に応じた基本的な表現の技術を発揮できているか、表現イメージを具体化できているかを自分でチェックしている。	目的や場面、状況に応じて、CD の音声を活用して、自身の表現の練り直しを粘り強く行っている。	自ら友だちと対話したり、相互評価を受けたりして、効果的な技法の個性的な活用法を見つけようとしている。
C	場面や状況に応じた基本的な技術や技法の活用ができなくてもそのままにしている。	どうすれば基本的な技法を活用できるか工夫せずに、教科書 CD の音声の再現で留まっている。	聞き手への伝わりやすさへのイメージをふくらませて具体化する努力が十分でなく、技法が活用できていない。

　これだけの期間を設けることで、「粘り強い取組」が成立しているとも言えます。生徒は、授業や家庭学習で練習したり、調べたりするごとに、日付と共に、その日の学習内容や、どのように「知識・技能」を獲得していき、「思考・判断・表現」の力を身に付けていったかをＡ３の用紙に記述していきます。評価はその記述の様子で行うようにしています。生徒一人

あたりの評価にかかる時間的負担は大きくなりますが、より細かく評価でき、評価された用紙をもとに、生徒同士で反省会を行うことで、学習改善にもつなげることができます。

　各学期の最後の授業で劇の発表を行い、劇自体の「知識・技能」及び「思考・判断・表現」の評価は、その場や撮影したビデオを見て行いますが、Ａ３の用紙は夏休み、冬休み等の時間的ゆとりがある中で採点するという工夫を行っています。

　ここでは、ルーブリック作成の際に「各教科等・各学年等の評価の観点等及びその趣旨」という資料を参照しています。観点「修正・改善」「粘り強さ」においては、傍線、点線の箇所でそれぞれ対応しています。

(4) 授業での活用事例と生徒の作品例

　本教材は、戦時下の広島での出来事を取り扱った題材になります。生徒が学習記録として書いた記述内容をもとに評価しています（写真6-20）。この例では、「目標…人々の痛みを想像し劇に生かす」と自己目標を設定し、原爆の悲惨さについて、自分で調べた内容を記述しています。この記述内容から、観点「粘り強さ」の「外国語の背景にある文化に対する理解を深め」（ルーブリックのＡ基準）が行われていると評価しました。

　また、「修正・改善」の観点では、「目標…全員の読み方を評価し、痛みや平和の大切さが伝わる発表に近づける」と目標設定を行い、「場面や状況に応じて何度も修正している」（同Ａ基準）にあたる具体的な取組を評価に反映させました（写真6-21）。

　こういった評価の他に、話すこと〔やりとり〕の評価の場面で、ノートへの追記の量で「主体的に学習に取り組む態度」の評価を行う例も紹介したいと思います。

　例として、「It ～to…」を使用し、生徒が自己表現した1文（教科書には各課の1、2で学習した言語材料や表現を使って「聞く」・「話す」コミュニケーションを行うパートが3ページ目にある）をもとに、5文の意味のつながりのある文を作らせ、それを材料に会話練習を帯活動で行うといった活動があります（写真6-22）。生徒は毎時間、「言いたかったけど

7/1 ① 目標… 人の痛みを想像し表現に生かす
原爆ドームや、原爆による被害の大きさ、放射線による人への害などを調べた。原爆が落ちたときの人々の痛みや、家族を失った人々の絶望、破壊された広島の様子の風景なども見て、
人々が自ら作った技術が、自分自身を破壊する道具になってはいけないことを
改めて感じた。
練習では、読み方で、特にはっきり読むべきところやジェスチャーのアドバイスをし合った

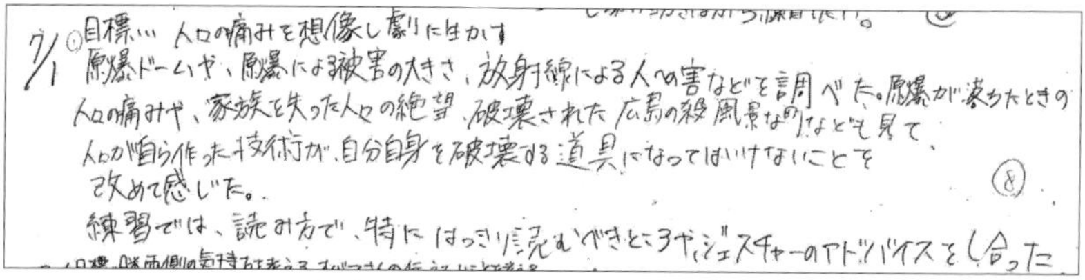

写真 6-20　生徒の学習記録の記述①

7/6 全員立ち上がって、動きやすく、コミュニケーションがとりやすい状態で練習できた。
一人ひとりのパートで、発音や読み方について意見交換をし、
アドバイスし合った。次回は、全員が暗唱できる状態で、もっと動きながら練習したい。ジェスチャーは皆で評価して
〈読み方〉
・P.52 … 「sounded sweet」までは少し明るく → その後から悲しく、弱々しく

① 目標… 全員の読み方を評価し、痛みや平和への大切さが伝わる発表に近づける

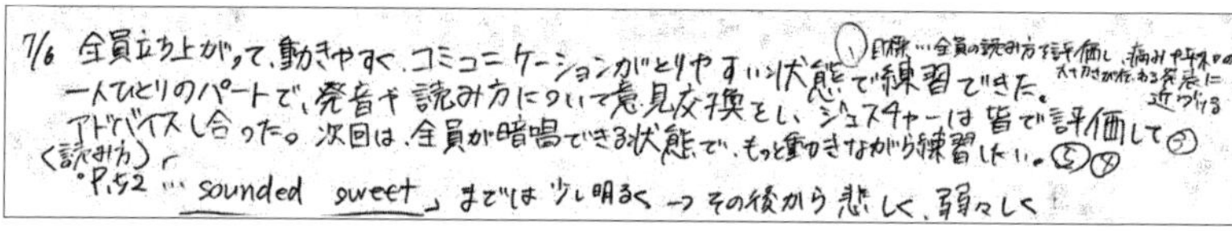

写真 6-21　生徒の学習記録の記述②

It is easy for Yuri to draw pictures.
She draws pictures once a week. She often draws
her favorite anime character "zenitsu". It is difficult for
me to draw pictures. So, I want her to draw
"zenitsu" and tell me about it.

写真 6-22　活動の際のノートの様子

Are you good at art?
・私は彼女の絵が素晴らしいと思いますが、彼女は納得していません。
I think her pictures are great, but she's not satisfied with her pictures
・She makes effort to draw nice pictures.
→ 彼女は良い絵をかくために努力しています。
・She has many pens to clor in her pictures.
→ 彼女は色を塗るためのペンをたくさんもっています。
・I respect her attitude
→ 私は彼女の姿勢を尊敬しています。

It is easy for Yuri to draw pictures.
She draws pictures once a week. She often draws
her favorite anime character "zenitsu". It is difficult for
me to draw pictures. So, I want her to draw
"zenitsu" and tell me about it.

・色を塗ることはとても難しいです。 It's very difficult for me to clor in a picture.
・私はたいていの食べものは食べることができます。 I can have most food.
・She doesn't have a smug look on her face.
→ 彼女はドヤ顔をしません。

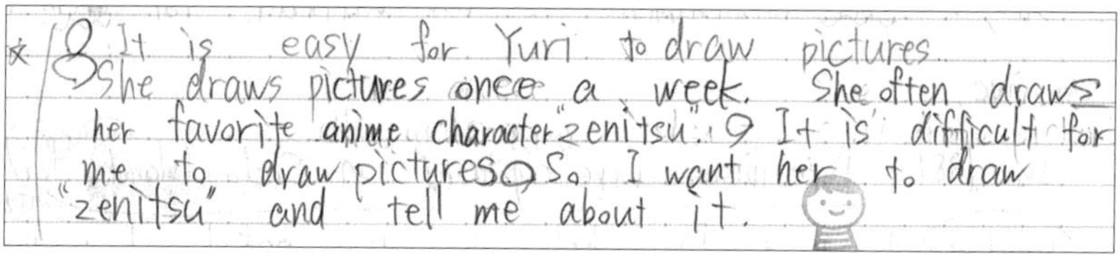

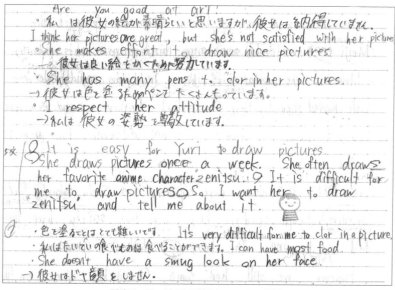

写真 6-23　追記で増えたノートの様子

英語で言えなかった」表現をタブレット等で調べ、表現を増やすために、ノートに追記しています（写真6-23）。詳細は割愛しますが、これが会話テストに生きるように題材設定を工夫することで、生徒の粘り強い取組につなげています。

(5) 実践の成果と今後の課題

　評価の説明責任を果たせるということ以上に、成果としては、育成したい資質・能力を評価の観点として設定した上で学習記録を記述させることで、その記録を分析することで教員にとっては指導改善、生徒にとっては学習改善につなげることができるといった点が挙げられます。また、生徒に自己調整のプロセス（「予見」「遂行・コントロール・内省」）という型を教えることで、やり方や手順を身に付けさせることができるといった点も挙げられます。

　課題は、教員側に見通せる力（ある程度の経験）が必要となり、適切に評価の時期や内容を検討しないと、「教員にとって過度な負担とならないように」という過去の反省が活かされないことになることです。この点に注意が必要です。

Q&A

Q1 「指導と評価の一体化」とは何ですか？

A1 「指導と評価の一体化」とは、育成を図る資質・能力を中心にして、それを教育目標にして育てる学習指導の在り方と、それを評価規準にして振り返る学習評価の在り方を関連付けて授業改善していくことです。 →第2章

解説

　「指導と評価の一体化」とは、文部科学省がすでに40年近く前から提唱している授業改善の考え方です。つまり、教育目標と評価規準を一体的に作成して、子どもたちが身に付けるべき資質・能力をしっかりと育てていこうという提案です。

　「指導はするけれど評価はしない」ということであれば、子どもたちは学習する動機付けを失ったり、教師からの適切なフィードバックや学習支援を得られなくなったりしてしまいます。逆に、「評価はするけれど指導はしない」ということであれば、子どもたちは指導されていないことについて評価を受けることになり、定期考査や単元テストを受けることが不安になるでしょう。

　さらに、指導内容と評価内容がチグハグなものになっていれば、子どもたちが見通しをもって学習することが難しくなり、学習に意義や価値を見出して積極的に取り組むことができなくなります。

　例えば、授業では一斉指導中心で知識を覚えることを重視していたのに、定期考査や単元テストで記述式の活用問題が出されていたり、あるいは、授業では課題解決的な学習に取り組んだのに、パフォーマンス評価はなくて定期考査や単元テストで知識の暗記量を問うような穴埋め問題や選択肢問題ばかり出ていたりすれば、子どもたちは次の単元からは学習に取り組む意義を見いだせなくなってしまいます。

　もう一つ違う視点から見てみると、指導内容と評価内容がチグハグなものになってしまうケースとして、両者に共通する資質・能力を想定しないことが挙げられます。そうなると、教師も子どもたちも、授業中に取り組む活動を通してどのような知識やスキル、態度を身に付けていけばよいのかについて、教育目標や学習目標を明確に意識することができなくなり、指導の効果も学習の効果も半減してしまうこと

が心配されます。

　つまり、知識・技能の習得をねらいとした指導をすれば評価の在り方も定期考査や単元テストで、客観テストの方式を採用したペーパーテストにより穴埋め問題や書き換え問題、選択肢問題を主に出題することになり、一方で、課題解決的な学習やプロジェクト学習、探究的な学習を行わせる指導をしたならば、客観テストのためのペーパーテストではなく、パフォーマンス評価を採用したりレポートや学習感想を対象とした作品評価を行ったりして、思考力や表現力、主体的に学習に取り組む態度などを評価することが大切になります。

　つまり、「指導と評価の一体化」では、育成を図る資質・能力の種類に応じて、指導方法と評価方法の適切で効果的な種類が関連的に決まってくることを十分に理解して、各教科・領域での年間指導計画の中で、多様な指導法と評価法を組み合わせて実施することの大切さを提案しているのです。それにより、新しい学習指導要領がねらいとする多様な資質・能力をしっかりと子どもたちに身に付けさせることが可能になるのです。

　その過程で、さらに大切になることは、日常的で継続的な授業改善と評価改善を行うことです。子どもたちの学習状況を教師が評価することを通して、教師は学習状況の不十分さを子どもたちの責任にするのではなく、自分自身の授業を改善するきっかけと捉えて、不断に授業改善をすることが求められているのです。これは、「評価を行うことで指導の在り方を見直す」という一体化の側面です。

　一方で、「評価の在り方を見通して指導の在り方を決める」という方向もあります。例えば、学習評価の在り方としてポートフォリオ評価やパフォーマンス評価などを入れることにしたなら、指導の在り方に課題解決的な学習を取り入れることが必要になってきます。

　最初から高度で本格的な課題解決的な学習を扱うことはできなくても、評価の在り方を改善しながら、指導の在り方も一体的に改善していくというように、指導と評価を関連付けながらともに改善していくことが大切なのです。

Q2 ポートフォリオ評価は、どのように行うのですか？

- -

A2 クリアポケットファイルやスクラップブック、そして写真アルバムなどに、それまでの学習の履歴となる資料や作品を収めたものを用いて、カンファレンスと呼ばれる自由討論によって評価活動を行います。　　　　　　　　　　　　　　　　　　　　→第1章

解説

　「ポートフォリオ」という用語は、有価証券運用表という意味もありますが、もう一つ別に、絵画や書類の束というような意味があります。そこから教育分野では、「ポートフォリオ」は、子どもの作品や子どもが集めた資料の一式というような意味で使われるようになりました。

　ポートフォリオ評価は、ペーパーテストでは評価しにくい、子どもの学習意欲や文章表現力、ボランティアの精神や行動力、作品制作の力量と実績などを評価するために開発された評価方法です。

　わが国では、総合的な学習の時間における子どもの多面的な成長を、ペーパーテストによらずに、子どもたちの自己評価と相互評価を通して、自分が「生きる力」をどれほど身に付けてきたのかを振り返る手法として定着しています。しかし、ポートフォリオは、その本来のねらいを十分に生かすように、効果的に活用されているでしょうか。

　残念ながら現状では、ポートフォリオは単に資料をためておくだけの整理箱になっていることが多いようです。学年の終わりにたくさんの資料や学習カードで分厚くなったポートフォリオを見ながら、簡単な感想文を書いて終わっているようです。つまり、せっかく新しい評価の道具として定着し始めたポートフォリオは、まだまだ子どもたちが自分で主体的に「生きる力」を身に付けるための道具や、自己成長と友だちとの相互成長を促すための道具にはなっていません。では、どうすればよいのでしょうか。

　一つ目の工夫は、自己成長をしっかりと説明するための証拠となる作品を作らせることです。例えば、1枚の大きな色画用紙に三つの成長ポイントと証拠写真を貼り付けた「自己成長シート」を作ったり、

クリアファイルに1年間の自己成長の様子をアルバム形式で整理したりした「自己成長アルバム」を作ってみましょう。児童生徒がタブレットを扱えるようになれば、画面上に写真や文章を上手にレイアウトして「デジタル自己成長アルバム」を作ることもできます。

　このようにして自己成長を振り返りながら作品を作り、それを友だちや保護者の前で発表することによって、一層自分の成長に自信をもつことができるようになります。

　二つ目の工夫は、ポートフォリオを用いた評価活動に十分な時間を保障して、評価セッションという授業を成立させることです。毎時間、たった3分間で付ける振り返りカードでは、児童生徒の自己評価力を育てることはできません。中学校では50分の評価セッションを、各学期に一つの重点単元で2回から3回程度実施してみましょう。

　そして三つ目の工夫は、子ども自身に、自己評価の観点と規準、さらには自己評価の判断基準を自己設定させることです。そうした自作のルーブリックにより子どもたちはしっかりとした自己評価を行うことができます。

　これらの工夫により、自己成長に自覚と意欲をもつ子どもを育てたいものです。

詳しい解説と実践事例については、次の文献を参考にしてください。
・田中博之著『学級力が育つワークショップ学習のすすめ』（金子書房、
　2010年）

第1章
第2章
第3章
第4章
第5章
第6章
Q&A

Q3　自尊感情を育み、友だちと支え合うための相互評価は、どのように行えばよいのでしょうか。

A3　評価セッションという場面を設定して、そこで十分に時間をかけて、教科学習だけでなく、総合的な学習の時間での活躍、行事やクラブ活動において子どもたちの認め合いと支え合いの関係づくりを始めて、学びの成果について自己評価と相互評価を行わせるようにするとよいでしょう。

→第5章

解説

　指導と学びの過程で行われる評価活動は、本来、教師にとっては指導の改善につながり、そして児童生徒にとっては、自己成長と友だちとの相互成長を支えるものになることが大切です。言い換えれば、全ての評価活動は、最終的には、子どもの自尊感情と友だちと支え合う関係を育むためのものであってほしいと思います。

　つまり、「できることが増えてうれしい」「自分もやればできるなあ」とか「もっと頑張ってできることを増やそう」といった学びの達成感や自己成長への決意を高めるように、子どもたちの自己評価と相互評価を行わせるようにしたいものです。

　そのために効果的なのは、先に提案した評価セッションという場面を設定して、そこで十分に時間をかけて学びの成果について自己評価と相互評価を行わせることです。特に、最近の子どもたちに見られる特徴は、自尊感情が低いことです。例えば、「どうせ何をやってもできない」とか「どうせ自分は頭が悪いから」、そして「友だちは自分のことを認めてくれていない」といった、自分について否定的な感情をもっている子どもが少なくありません。

　その原因は、ほとんどの場合が、認め合い支え合う友だち関係をもっていないことです。本当に気の合う友だちが一人か二人はいても、最近の子どもたちは、お互いに干渉したり傷つけ合ったりすることを恐れて、一緒にいる心地よさだけを楽しもうとする傾向にあります。お互いの悩みを話し合ったり、不安や心配事を抱えた友だちの心理的な支えになるような言葉かけや働きかけをし合ったりするような関係性は、ほとんどないのが現状ではないでしょうか。

そこで、評価セッションという場面を設定して、友だちの成長を、教科学習だけでなく、総合的な学習の時間での活躍、行事やクラブ活動での努力を通して具体的に認め合うことから、子どもたちの認め合いと支え合いの関係づくりを始めてみてはどうでしょうか。

初めは、自分のよいところを発表したり、友だちの成長をお祝いしたりするのは、気恥ずかしいものです。しかし、少しずつ評価セッションを重ねていくにつれて、自分が友だちから認められることの喜びや、友だちが認められて喜んでいる様子を見られる喜びに気付き始めると、子どもたちは、少しずつですが、友だちとお互いに認め合い、支え合えるようになります。言い換えれば、子どもたちがお互いを高め合う力、つまり相互成長力をもつようになるのです。

評価セッションの時間は、教科学習の時間からは取りにくいので、これからは、総合的な学習の時間の中でうまく評価セッションの時間を生み出したり、「この1年間の成長をお祝いしよう！」といった自己形成型単元を設定したりすることによって、各学年で必要な時間数を確保してみてください。その中では、教科学習での学力向上の様子や、クラブ活動を通して得た成長、地域でのボランティア活動の成果、そして総合的な学習の時間で身に付けた力などから、多面的に自己の成長を振り返って、そこからさらに自己成長への見通しと決意をもたせるように工夫してみてください。

詳しくは、次の文献を参考にしてください。

・田中博之著『学級力が育つワークショップ学習のすすめ』（金子書房、2010年）
・田中博之著『子どもの自己成長力を育てる』（金子書房、2023年）

おわりに

生徒主体の「学びと評価の一体化」を求めて

　本書では、中学校の新しい学習指導要領に対応した多様な学習評価の在り方について、分かりやすい解説をするように努めてきました。

　中学校の多忙な日々の教育運営業務の中で、多様な学習評価の方法を組み合わせながら指導と評価にあたるのは大変なことです。無理をせずに、生徒たちの反応を確かめながら、少しずつご自身の評価レパートリーを増やしていっていただければと願っています。

　さて、本書で提案した新しい学習評価の次には、どのような評価の姿が見えているでしょうか。本書では、ルーブリック評価から生徒主体の自己評価まで、新しい評価方法をすでに提案していますので、もうこれ以上新しい学習評価の姿はないと思われるかもしれません。

　確かに学校の多忙化の中で、これ以上の方法を提案しない方がよいかもしれません。

　しかし筆者が願うのは、ルーブリックを用いた生徒主体の自己評価とそれに基づく学習改善の在り方を、さらに多様な評価方法を開発しながら明らかにしていくことです。つまり、生徒たちが自ら資質・能力を自覚し、評価規準や判断基準を用いて、それらを主体的に身に付けようとする自己評価の在り方を解明していきたいと思います。

　言い方を変えれば、自己成長のための自己評価の多様な方法を生徒たちに習得してほしいのです。生徒たちが主体的な自己評価を通して自らの学習を改善していく姿こそが、これからの新しい学習評価の在り方と言えるでしょう。

　そうした生徒主体の自己評価と学習改善の原則を、「学びと評価の一体化」と呼びたいと思います。文部科学省が提唱する、「指導と評価の一体化」だけでも、指導要録を正確に付けたり、教師による授業改善を行ったりするのには十分でしょう。

しかし、中学校の新しい学習指導要領が求める多様な資質・能力の育成を図るには、教師による指導と評価、そしてそれらの一体化だけでは不十分です。なぜなら、中学校の生徒は、教師による学習評価で管理されるよりも、評価の主体性を一部託されて、自己評価を通して自らの学びを主体的に創り出していくように信頼される方が、資質・能力の習得・活用に向けてより学習意欲が上がるからです。

　学校は、そうした生徒たちが自己評価で伸びゆく生き生きとした姿を楽しみ、励ます場であってほしいと思います。

　新しい学習指導要領が、資質・能力を育てることに改訂された以上は、教師だけが学習評価に取り組むのではなく、生徒の力を借りて、生徒の自己評価力を高め、生徒が自己評価を通して多様で高度な資質・能力を主体的に身に付けるように学習改善していく場を授業内で設定することが不可欠なのです。

　「学びと評価の一体化」が、生徒たちの資質・能力の習得・活用を促します。

　この新しい学習原則のもと、これからも生徒主体の自己評価と生徒たちが学び合い高めあう相互評価の在り方を実践的に明らかにしていきたいと願っています。

　先生方のお力添えをどうぞよろしくお願い申し上げます。

編著者記す

田中　博之（たなか・ひろゆき）
早稲田大学教職大学院教授

　1960年北九州市生まれ。大阪大学人間科学部卒業後、大阪大学大学院人間科学研究科博士後期課程在学中に大阪大学人間科学部助手となり、その後大阪教育大学専任講師、助教授、教授を経て、2009年4月より現職。

　主著に、『「主体的・対話的で深い学び」学習評価の手引き』教育開発研究所、『NEW 学級力向上プロジェクト』金子書房、『教科別でわかる！タブレット活用授業』学陽書房、『子どもの自己成長力を育てる』金子書房、『教師のための ChatGPT 活用術』学陽書房、他多数。

　研究活動として、「主体的・対話的で深い学び」の授業開発、学級力向上プロジェクトの研究、子どもの学習改善と学習評価の開発研究、子どもの自己成長力を伸ばす授業づくり、生成 AI の教育利用の研究等、これからの学校に求められる新しい教育手法を作り出していく先進的な研究に従事。

●● 執筆者一覧 ●●

■はじめに・第１章〜第５章・Ｑ＆Ａ・おわりに
　田中　博之　早稲田大学教職大学院教授

■第６章
　国 語 科　　尾張旭市立旭中学校　　　　　白木　　圭　教諭
　社 会 科　　目黒区立第七中学校　　　　　増田真裕花　教諭
　数 学 科　　稲城市立稲城第一中学校　　　菅原　　亮　教諭
　理　　科　　津島市立暁中学校　　　　　　村瀬　琢也　教諭
　外国語科　　尾張旭市立西中学校　　　　　彦田　泰輔　教諭

　　　　　　　　　　　　　　　　　※所属と役職は2024年４月時。

中学校の学習評価ハンドブック
― 用語の基礎理解からルーブリック評価まで ―

2024年 5 月22日　初版第 1 刷発行

編 著 者　田中博之
発 行 人　鈴木宣昭
発 行 所　学事出版株式会社
　　　　　〒101-0051　東京都千代田区神田神保町1-2-5
　　　　　TEL　03-3518-9664
　　　　　H P　https://www.gakuji.co.jp

編 集 担 当　二井　豪・江口真由
表紙デザイン　株式会社弾デザイン事務所
印 刷・製 本　電算印刷株式会社

乱丁・落丁本はお取り替えします。
ISBN 978-4-7619-3003-5　C3037　　Printed in Japan